高等职业教育"十二五"规划精品教材

高等职业院校财经类专业系列教材

XINBIAN
KUAIJI JICHU
XIANGMU SHIXUN

新编
会计基础项目实训

主　编　游秋琳

副主编　李洛嘉

　　　　孙　静

主　审　黄　友

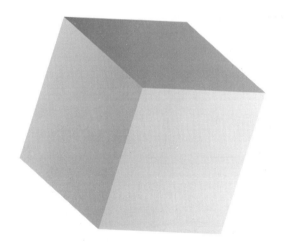

西南财经大学出版社

经济科学出版社

图书在版编目(CIP)数据

新编会计基础项目实训 / 游秋琳主编 . 一成都:西南财经大学出版社,2013. 12

ISBN 978 - 7 - 5504 - 1257 - 6

Ⅰ. ①新…　Ⅱ. ①游…　Ⅲ. ①会计学—教材　Ⅳ. ①F230

中国版本图书馆 CIP 数据核字(2013)第 264534 号

新编会计基础项目实训

主　　编:游秋琳

副主编:李洛嘉　孙　静

责任编辑:汪涌波

助理编辑:高小田

封面设计:墨创文化

责任印制:封俊川

出版发行	西南财经大学出版社(四川省成都市光华村街55号)
网　　址	http://www. bookcj. com
电子邮件	bookcj@ foxmail. com
邮政编码	610074
电　　话	028 - 87353785　87352368
照　　排	四川胜翔数码印务设计有限公司
印　　刷	郫县犀浦印刷厂
成品尺寸	185mm × 260mm
印　　张	10. 5
字　　数	250 千字
版　　次	2013 年 12 月第 1 版
印　　次	2013 年 12 月第 1 次印刷
印　　数	1— 3000 册
书　　号	ISBN 978 - 7 - 5504 - 1257 - 6
定　　价	20. 00 元

高等职业教育"十二五"规划精品教材
高等职业院校财经类专业系列教材图书目录

书名	作者	定价	书号
新编会计基础	李洛嘉	29.80 元	978 - 7 - 5504 - 1198 - 2
新编会计基础同步训练	李洛嘉	32.00 元	978 - 7 - 5504 - 1239 - 2
新编会计基础项目实训	游秋琳	20.00 元	978 - 7 - 5504 - 1257 - 6
新编会计综合实训	蒋 虹	29.00 元	978 - 7 - 5504 - 1181 - 4
新编统计基础	祝 刚	28.00 元	978 - 7 - 5504 - 1217 - 0
新编统计基础同步训练	祝 刚	20.00 元	978 - 7 - 5504 - 1219 - 4

……

编写说明

　　教材作为教学的主要工具，既是联系教与学的有效途径，也是专业与课程建设的重要组成部分，更是专业与课程改革发展成果的凝结与体现。

　　对于高等职业教育来讲，教材建设历来是高职院校基本建设任务之一。高质量的教材是实施专业教学方案的主要载体、培养高质量的职业人才的基本保证和实现高等职业教育培养目标的重要手段。大力发展高等职业教育，培养和造就适应社会生产、建设、管理，服务质量和技术水平一流的高素质、应用型人才，需要我们高度重视高等职业教育的教材改革和建设，编写和出版体现高等职业教育特色的优秀教材。本系列教材正是在这一宏观背景下诞生的。

　　职业教育是就业准备教育、生活准备教育、职业生涯教育，即对劳动者的终生教育。为了实现这一目标，我们在教材的建设中形成了"宽基础、精专业、多岗位"的基本思路，构建了"基础模块、专业模块、拓展模块"，以实现"一年打基础、两年通专业、三年上岗位"的财经商贸类职业人才的培养目标。

　　"宽基础"是指在专业文化基础课教材的建设中，科学调整课程目标，推进此类教材的改革。在价值取向上坚持专业文化基础是培育学生综合素质的必备课程，避免单纯为保就业的技能要求而冲淡专业文化基础课的教学，削弱后劲；在内容上贴近学生、贴近专业、贴近生活，着重培养学生对知识的学习能力和迁移能力、对问题的分析和解决能力、对职业环境的适应能力及一定的创新能力。

　　"精专业"是指在专业教材建设中，从培养学生专业核心能力和职业岗位能力两个方面入手，将专业基本知识与职业岗位基本要求进行有机整合，既考虑学生的"就业导向"，更关注学生的职业生涯发展。

　　"多岗位"是指为满足学生就业需要，针对财经商贸类典型职业岗位的基本要求而编写具有很强实战性的实训教材。这部分教材一般具有较为明显的时效性、新颖性和操作性，在教材内容中及时融入现时职业岗位的新技术、新技能、新方法、新规程的要求，目的就是把学生引入行。由于学生的就业具有较大的不确定性，所以在实训教材的构建中，选择了"多岗位"的设计来满足学生对不同岗位实训的需求。

　　采用"宽基础、精专业、多岗位"教材建设模式，最大的优点就是可以有效地建构以专业人文素养、专业基础能力、典型职业岗位能力为主线的教材体系，使学生基础厚、专业强、就业好。

　　在继承原有教材建设成果的基础上，充分吸取近年来高职高专院校在探索培养高等技术应用型专门人才和教材建设方面取得的成功经验，本系列教材的编写特点是：

1. 加大实训教材开发力度

实训教材是站在专业的最前沿，紧密结合职业要求，与生产实际紧密相连，与相关专业的市场接轨，突出专业特色，渗透职业素质培养内容的载体。为了更好地体现高职教育特色，在本系列教材中我们加大了实训教材的开发力度。采取的主要方法是：对财经商贸类公共文化基础教材，采取加大练习和训练的方式来提升学生对知识的掌握能力；对专业性、实务性较强的课程，采取分步练习、强化训练、综合实训等方式进行学习，使学生既有较为扎实的专业理论基础，又有熟练的操作技能。

2. 组建"双师型"编者团队

在这套系列教材建设中，为了更好地实现加大实训教材开发、完善的目的，我们一方面增加了"双师型"编者的比例，另一方面采取邀请财经战线的一线技术专家审稿的措施，较好地体现了教材的实用性、先进性和技术性。在强调"双师型"作者比例的同时，我们还特别注意挑选一些具有一定教学经验、懂得教学规律、文字功底深厚的编写者，以保证教材的编写质量。

3. 方便教学的系统性设计

本系列教材在选题上强调系统性和配套性，所选教材绝大多数是财经商贸类专业的常用教材。在这批教材中，除了在主辅教材的配备上考虑了教学的实用性，更为教师的教学提供了很多附加信息，如教学课件（PPT）、相关制度及政策参考资料、练习的参考答案等，为教师在备课、授课、辅导等方面提供了诸多方便。

随着高等职业教育的日益发展、壮大，高职教育教学改革必将结出丰硕的成果。我们将在教材的建设过程不断吸取改革成果的精华，使教材能更好地服务于教学，向学生传递先进的、科学的职业知识。

值此系列教材出版之际，我们要特别感谢西南财经大学出版社和经济科学出版社的全力支持和热情扶持，感谢出版社各位编校同志为教材的顺利出版付出的辛勤劳动，感谢他们对财经高职教育教材建设做出的重要贡献。

高职高专财经商贸类教材建设是一个漫长的过程，我们才刚刚起步。在我们的教材中必定存在诸多不当和错误之处，恳请读者不吝赐教，以备修订、更正。

高等职业教育"十二五"规划精品教材

高等职业院校财经类专业系列教材　　　　编委会

2013 年 8 月

QIAN YAN 前言

本书是高等职业教育"十二五"规划精品教材,也是高等职业院校财经类专业的基础课程教材。随着我国社会主义市场经济的发展,社会对会计职业人才提出了越来越多的要求。为培养出更多符合社会需求的会计人才,我们遵循会计职业教育规律,按照国家对高等职业教育会计专业人才的培养目标,以会计职业规范为导向,精心编写了这套会计教材。

本套会计教材共三本,《新编会计基础》、《新编会计基础同步训练》和《新编会计基础项目实训》。其中,《新编会计基础》为主教材,《新编会计基础同步训练》和《新编会计基础项目实训》为辅助教材。

《新编会计基础项目实训》是在进行多家企业现场考察及素材收集,整理归纳众多会计模拟实习教材特点的基础上,以一个模拟公司为蓝本,精选出50笔体现制造业基本经济活动的经济业务,绘制成具有仿真性和操作性的会计凭证、会计账页及各种核算表格,最后形成一本具有完整体系的实训教材。本书有利于进一步系统、全面地强化学生会计核算的实际动手能力,巩固所学会计理论知识。如果说《新编会计基础同步训练》主要是对会计基础知识的练习和训练,本书则是对会计主要账务处理基本技能的训练。

此外,为方便教学,本书配备了内容丰富的学习光盘,主要有与教材相匹配的"教学课件"和"教学辅助阅读资料"。"教学辅助阅读资料"包括企业现场图片、会计史、会计人物、会计准则、相关网址(如财政部、中华会计之家等)。这样,既有利于教师实施教学,也拓宽了教材的知识含量,还可使教学安排更加富有弹性,增强了教材的适用性,较好地解决了一些编者认为无法在课堂上讲解或没必要讲授的内容的调配问题。

在我国会计专业迅猛发展的今天,各类不同版本的会计教材层出不穷,但重要的是选择一本适合自己的教材。俗话说,万事开头难。学习任何知识,入门都比较困难。当你进入一个新的知识领域的时候,一个好的开始非常重要。会计是一门有着500多年历史的古老学科，历经无数会计人的辛勤耕耘，积累了丰硕的理论成果和技术成果，这些人类财富显然无法在一本书中穷尽。尤其对于会计初学者而言，我们只能取其最合适的部分。

《新编会计基础项目实训》由四川财经职业学院副教授游秋琳任主编，李洛嘉副教授和孙静副教授任副主编，四川财经职业学院党委书记、高级会计师、注册会计师、律师黄友任主审。

本书可作为高等职业院校、高等专科院校、成人高校、五年制高职的会计及相关专业的教学用书，也可作为社会从业人士的自学参考书和培训用书。

在本教材编写过程中，我们借鉴了国内许多专家和学者的专著，在此向他们表示深深的谢意。在成书的过程中，我们得到了学院领导和老师的大力帮助和支持，在此也表示衷心感谢。编者的愿望总是美好的，但由于水平有限，书中难免有错误和疏漏之处，我们期待使用这本书的读者批评指正，以便我们不断修改和完善之。

编　者

2013 年 11 月 16 日

MU LU 目录

会计作为一门应用性极强的经济管理学科，其基础尤为重要，而学好会计基础实训课程，无疑是通往会计大门的有效途径。

一、会计基础课程实训目的

本套实训以模拟四川美好果蔬饮品有限责任公司201×年12月份发生的经济业务为主线，设计了从建账到日常会计核算、成本计算、利润计算与分配到编制会计报表的相关资料。通过实训，学生不仅能够掌握填制和审核原始凭证与记账凭证、登记账簿、成本计算和编制会计报表的基本程序与方法，而且能初步尝试出纳员、材料核算员、记账员等工作岗位的具体工作，达到对工业企业会计核算的全过程有一个比较系统、完整的认识，最终达到具备从事会计工作基本能力的目的。实训目的的具体表述为：

（1）通过建立一套完整的账簿体系，完成模拟公司一个月的基本经济业务处理，掌握会计核算的基本程序和具体方法，熟悉掌握常见原始凭证的填制方法，并对所学的会计理论知识有一个具体的认识。

（2）巩固和掌握所学的会计理论知识，提高会计理论知识的综合运用能力，强化会计基本技能的训练，为专业课程学习和岗位工作实践奠定一定的基础。

（3）实训课程不同于理论课程教学，学生需要认识会计凭证、审核会计凭证，根据审核无误的会计凭证登记会计账簿，进行结账与对账、编制会计报表等各项工作，涉及岗位多，工作任务重。每项任务都需要耐心细致、一丝不苟。因此，会计基础课程实训可以加深学生对会计工作的了解和认识，培养学生的职业意识，提高学生的会计专业素质和动手操作能力；并造就一批爱岗敬业、尽职尽责、勤奋工作、求真务实、遵纪守法、勤于学习、精心理财、团结协作的应用型现代会计人才。

二、会计基础课程实训程序

（一）建账

建账是指会计人员根据会计法规、制度的规定，结合本企业管理和会计核算工作的需要，建立会计账册的工作，即设置会计账簿。

会计工作就是会计人员运用专门的会计核算方法，将企业或单位日常发生的经济业务按照会计处理程序登记账簿，形成会计信息的过程。因此，建账是会计核算工作中最重要的基础环节。

建账的目的是为会计核算工作提供必要的手段，其重要意义表现在以下几个方面：①通过建账，可以对经济业务进行序时和分类核算，将核算资料加以系统化，全面、系统地提供有关财务状况、经营成果的总括和明细资料，为正确地计算费用、成本和利润提供了基础。②通过建账，可以分门别类地对经济业务进行归集，积累一定时期的会计资料，为编制会计报表提供资料。③通过建账，可以反映一定时期的资金来源和运用情况，有助于保护企业财产物资的安全完整，合理利用资金，便于单位进行经济活动分析。

【小知识】

《中华人民共和国会计法》有关账簿的规定：

第三条　各单位必须依法设置会计账簿，并保证其真实、完整。

第十六条　各单位发生的各项经济业务事项应当在依法设置的会计账簿上统一登记、核算，不得违反本法和国家统一的会计制度的规定私设会计账簿登记、核算。

【回顾与思考】

按账簿的用途分类可以将账簿分为几类？它们之间的关系如何？设置各类账簿的目的是什么？明细分类账的账页格式主要有哪几种？

【提醒您】

什么情况下需要建账？

新成立的单位在成立初始以及原有单位在会计年度开始时，都要建账。

本次实训中，根据企业管理和日常会计核算工作有以下要求：

（1）应开设总账、库存现金日记账、银行存款日记账、原材料明细账、应收账款明细账、库存商品明细账和管理费用明细账等。

（2）根据实训给出的期初建账资料，填写建账日期和期初余额。如果无余额，只开设账户即可。

（3）粘贴口取纸，实训中这一工作并非必需但它可以帮助我们快速找到所需的账户。

（二）日常经济业务的处理

1. 原始凭证的填制和审核

实训中每一笔经济业务描述都配有相应的原始凭证，要求读懂、明白其所记载的经济信息，同时认真审核原始凭证。

任何企事业单位，为了保证会计信息的客观、真实，对所发生的每一项经济业务都必须由经办业务的有关人员填制或取得会计凭证，记录经济业务发生或完成日期，注明经济业务的内容，并在凭证上签名或盖章，明确经济责任。它是会计核算的原始资料，是填制记账凭证的依据。

原始凭证都应该具备以下基本内容（统称为凭证要素）：

★ 原始凭证的名称；

★ 填制凭证的日期；

★ 填制凭证单位名称；

★ 接受凭证单位名称；

★ 经济业务内容（含数量、单价和金额）；

★ 填制人姓名、经办人员的签名或者盖章。

【回顾与思考】

哪些原始凭证虽不具备凭证的六个要素却仍然合法？

有些原始凭证虽不具备凭证的六个要素，但它们是由国家有关主管部门制定的统一的凭证格式，如人民银行统一制定的银行转账结算凭证等，均是合法的原始凭证。

【提醒您】

在审核原始凭证过程中，发现问题后，正确的处理方法是：

（1）对于不真实、不合法的原始凭证，会计人员有权不予受理，并向单位负责人报告，请求查明原因，追究有关当事人的责任。

（2）对于真实、合法、合理但内容不够完整或填写有错误的原始凭证，应退回给有关经办人员，由其负责将有关凭证补充完整、更正错误或重开后，再办理正式的会计手续。

【练习】

可以找一些作废的支票练习支票的填制方法，一方面加深对原始凭证的认识，另一方面可以巩固对基本知识的掌握。

2. 逐笔将相应的原始凭证裁剪下来，经过分析编制与审核记账凭证

记账凭证，是由会计人员根据审核无误的原始凭证或原始凭证汇总表编制的，用来确定会计分录，作为登记账簿依据的会计凭证。

【提醒您】

在实际工作中，会计分录是通过填制记账凭证来完成的。记账凭证按其适用的经济业务，分为专用记账凭证和通用记账凭证。专用记账凭证是指专门用来记录某一类经济业务的记账凭证。专用记账凭证按其所记录的经济业务是否与现金和银行存款收付业务有关，分为收款凭证、付款凭证和转账凭证。此次实训要求用专用记账凭证进行业务的处理。

【回顾与思考】

记账凭证上的日期应如何填写？

填制收、付款凭证的日期应按货币资金的实际收付日期填写，与原始凭证所记载的日期不一定相同；而转账凭证原则上按收到原始凭证的日期填写，但经济业务实际发生的日期应在摘要栏中注明。

【小知识】

◆ 记账凭证在一个月内应当连续编号，以便查核；

◆ 如果一笔经济业务需要编制多张记账凭证时，可采用"分数编号法"；

◆ 除结账和更正错误的记账凭证可以不附原始凭证外，其他记账凭证必须附上原始凭证；

◆ 记账凭证填写完毕，应进行复核与检查，并进行试算平衡；

◆ 出纳人员根据收款凭证收款，或根据付款凭证付款时，要在凭证上加盖"收讫"或"付讫"的戳记，以免重收重付。

记账凭证是根据审核无误的原始凭证填制的。因此，记账凭证的审核，除了要对原始凭证复核外，还应对以下内容进行审核：

（1）审核记账凭证是否附有原始凭证，原始凭证的构成要素是否齐全，内容是否合法、真实，记账凭证所记录的经济业务与所附原始凭证反映的经济业务是否相符；

（2）审核记账凭证的应借、应贷会计科目是否正确，账户对应关系是否清楚，所使用的会计科目及其核算内容是否符合会计制度的规定，金额计算是否准确；

（3）审核摘要是否填写清楚，项目填写是否完整，有关人员的签章是否齐全等。

【回顾与思考】

只有审核无误的记账凭证才能据以登记账簿。在审核记账凭证过程中，如发现填制有误，应如何改正？

【提醒您】

在会计理论学习中，我们有老师的指导，有课本的例题和具体的科目。但到了真正的工作中，您可能看到的只是一些票据，而这些票据就是我们前面提到过的原始凭证，它是经济业务发生或完成时会计人员直接取得或填制的，是编制记账凭证的依据。会计工作的出发点就从审核原始凭证开始，根据审核无误的原始凭证编制记账凭证。

3. 根据已编制并审核的记账凭证逐笔登记库存现金及银行存款日记账

库存现金日记账和银行存款日记账，是出纳人员根据库存现金和银行存款收、付款凭证，按照经济业务发生时间的先后顺序，逐日逐笔进行登记的账簿，一般采用三栏式账页，为订本账。

库存现金日记账的登记方法如下：

★ 日期栏：记账凭证的日期，应与库存现金实际收付日期一致。

★ 凭证栏：依据登账的收、付款凭证的种类和编号。

★ 摘要栏：简要说明登记入账的经济业务的内容。文字要简练，要能说明问题。

★ 对方科目栏：库存现金收入的来源科目或支出的用途科目。对方科目栏的作用在于了解经济业务的来龙去脉。

★ 借方（收入）、贷方（支出）栏：库存现金实际收付的金额。

【回顾与思考】

何谓库存现金日记账的"日清月结"？

每日终了，应分别计算库存现金借方和贷方的合计数，并结出余额，同时将余额与出纳员的库存现金核对，即通常说的"日清"。如账款不符，应查明原因，并记录备案。

月终，同样要计算库存现金借方、贷方和结存的合计数，通常称为"月结"。

库存现金日记账内容如表 1-1 所示。

表 1-1 　　　　　　　　　　**库存现金日记账**

201×年度　　　　　　　　　　　　　　　　　　第 1 页

201×年		凭证		摘要	对方科目	总页	借方	√	贷方	√	余额	核对
月	日	类别	号数									
12	1			期初余额							3 000.00	
	2	记	1	李红预借差旅费	其他应收款				1 000.00		2 000.00	
	4	记	3	提现	银行存款		5 000.00				7 000.00	
	16	记	6	购办公用品	管理费用				1 300.00		5 700.00	
	20	记	10	支付电话费	管理费用				1 700.00		4 000.00	
	21	记	19	报销差旅费	其他应收款				1 500.00		2 500.00	
	31			本月发生额及余额			5 000.00		5 500.00		2 500.00	

银行存款日记账的登账方法和库存现金日记账的登账方法基本相同。

银行存款日记账内容如表 1-2 所示。

表 1-2 　　　　　　　　　　**银行存款日记账**

201×年度　　　　　　　　　　　　　　　　　　第 1 页

201×年		凭证		摘要	对方科目	总页	借方	√	贷方	√	余额	核对
月	日	类别	号数									
12	1			期初余额							80 000.00	

表1-2(续)

201×年		凭证		摘要	对方科目	总页	借方	√	贷方	√	余额	核对
月	日	类别	号数									
	1	记	2	收到客户欠款	应收账款		13 000.00				93 000.00	
	4	记	3	提现	库存现金				5 000.00		88 000.00	
	7	记	5	支付货款	原材料等				5 000.00		83 000.00	
	8	记	9	支付贷款利息	财务费用				150.00		82 850.00	
	17	记	23	销售产品	主营业务收入等		9 500.00				92 350.00	
	31			本月合计及余额			22 500.00		10 150.00		92 350.00	

4. 根据已编制并审核的记账凭证或原始凭证逐笔登记相关的明细分类账

对需要平时结余额的账户,可随时结记余额;对平时不需要结余额的账户,可以到月末结账时再结出余额。

明细分类账一般使用活页账,根据会计核算工作的需要,可以使用不同格式的明细账页。常用的格式有三栏式、多栏式、数量金额式等明细分类账。

(1) 三栏式明细分类账的登账方法

三栏式明细分类账由会计人员根据审核无误的记账凭证,按照经济业务发生时间的先后顺序逐日逐笔进行登记。以"应收票据明细账"为例,三栏式明细分类账内容如表1-3所示。

表1-3　　　　　　　　　　应收票据——商业承兑汇票（北京机械厂）

201×年度　　　　　　　　　　　　　　　　第1页

201×年		凭证		摘要	借方	√	贷方	√	借或贷	余额	核对
月	日	种类	号数								
12	1			期初余额					借	42 000.00	
	9	记	15	收到票据款			35 000.00		借	7 000.00	
	15	记	10	开出汇票	20 000.00				借	27 000.00	
	31			本月发生额及余额	20 000.00		35 000.00			27 000.00	

(2) 数量金额式明细分类账登账方法

数量金额式明细分类账由会计人员根据审核无误的记账凭证或原始凭证,按照经济业务发生时间的先后顺序逐日逐笔进行登记。以"原材料明细账"为例,数量金额式明细分类账的账页格式和内容如表1-4所示。

表1-4　　　　　　　　　　　原材料——原料及主要材料明细账　　　　　　　　第1页

最高储备量＿＿＿＿＿　类别＿＿＿＿储备定额＿＿＿＿＿　存放地点＿＿＿＿＿　规　格＿＿＿＿＿

最低储备量＿＿＿＿＿　编号＿＿＿＿计划单价＿＿＿＿＿　计量单位　千克　名　称　白砂糖＿

201×年		凭证		摘要	收入			发出			结余			核对
月	日	种类	号数		数量	单价	金额	数量	单价	金额	数量	单价	金额	
12	1			月初余额							20	3.24	64.80	
	3	记	4	材料入库	800	3.24	2 592.00				820	3.24	2 656.80	
	5	记	7	领料				380	3.24	1231.20	440	3.24	1 425.60	
	23	记	30	盘亏白砂糖				40	3.24	129.60	400	3.24	1 296.00	

（3）多栏式明细分类账的登账方法

多栏式明细分类账由会计人员根据审核无误的记账凭证或原始凭证逐笔登记。根据明细分类账登记经济业务的不同，多栏式明细分类账的账页又分为借方多栏、贷方多栏和借贷方均多栏三种情况。

①借方多栏式明细分类账的登账方法

此类明细分类账多用于成本、费用的核算。它只在借方设多栏，平时根据审核无误的记账凭证或原始凭证在借方登记成本、费用的发生额，贷方登记月末将借方发生额一次转出的数额。以"管理费用明细账"为例，借方多栏式明细分类账页的内容如表1-5所示。

表1-5　　　　　　　　　　　　　　管理费用明细账

201×年		凭证		摘要	借方					贷方	金额
月	日	种类	号数		办公费	电话费	差旅费	职工薪酬	合计		
12	16	记	6	购买办公用品	1 300.00				1 300.00		
	20	记	10	支付电话费		1 700.00			1 700.00		
	21	记	19	报销差旅费			1 500.00		1 500.00		
	31	记	30	分配工资及福利费				3 500.00	3 500.00		
	31			本月合计	1 300.00	1 700.00	1 500.00	3 500.00	8 000.00		
	31	记	40	结转本月费用	-1 300.00	-1 700.00	-1 500.00	-3 500.00	-8 000.00	8 000.00	0

【提醒您】

平时如有贷方发生额，应该用红字在借方多栏中登记。

②贷方多栏式明细分类账的登账方法

收入类账户多采用贷方多栏式明细分类账，此类账户的特点是：在贷方设多栏，平时根据审核无误的记账凭证或原始凭证收入的发生额，借方登记月末将贷方发生额一次转出的数额。以"主营业务收入"为例，贷方多栏式明细分类账页的内容如表1-6所示。

表1-6

201×年		凭证		摘要	借方	借方					金额
月	日	种类	号数			办公费	电话费	差旅费	职工薪酬	合计	
12	18	记	18	销售产品		30 768.00				30 768.00	
	22	记	20	销售产品			36 750.00			36 750.00	
	25	记	26	销售产品				8 754.00		8 754.00	
	28	记	28	销售产品					654.00	654.00	
	31			合计		30 768.00	36 750.00	8 754.00	654.00	76 926.00	
	31	记	41	结转收入	76 926.00	-30 768.00	-36 750.00	-8 754.00	-654.00	-76 926.00	0

5. 在科目汇总表账务处理程序下，根据一定时期内的全部记账凭证，汇总编制成科目汇总表，再根据科目汇总表登记总分类账

这种账务处理注意要保证所有科目的借方发生额之和等于所有科目的贷方发生额之和。平时不需要结出余额，到月末结账时一同结出。本实训规定在15日和31日分别进行两次科目汇总工作。科目汇总表的内容如表1-7所示。

表1-7

科目汇总表

年　月　日

汇字第1号

科目名称	本期发生额		记账凭证起讫号码
	借方	贷方	
库存现金			
银行存款			
应收账款			
预付账款			
其他应收款			
原材料			
周转材料			
库存商品			
待摊费用			
固定资产			
累计折旧			
固定资产清理			
待处理财产损溢			
应付职工薪酬			
应交税费			
应付股利			
盈余公积			
本年利润			
利润分配			

表1-7(续)

| 科目名称 | 本期发生额 | | 记账凭证 |
	借方	贷方	起讫号码
生产成本			
制造费用			
主营业务收入			
主营业务成本			
营业税金及附加			
销售费用			
管理费用			
财务费用			
营业外支出			
所得税费用			
合计			

财务主管：　　　　　　　复核：　　　　　　　制单：

【提醒您】
　　常见的账务处理程序有四种，科目汇总表账务处理程序是应用最广泛的账务处理程序。

【回顾与思考】
　　平行登记的含义？平行登记的目的？平行登记的规则？

　　科目汇总表具体编制方法是：第一步，把一定时期内全部记账凭证按照相同科目归类（可借助于"T"字形账户作为工作底稿）；第二步，计算每一个会计科目的本期借方发生额和本期贷方发生额；第三步，将各科目的本期借方、贷方发生额填入科目汇总表相关栏内并分别计算出借方、贷方发生额合计数，进行试算平衡。

　　科目汇总表账务处理程序流程如图1-1所示。

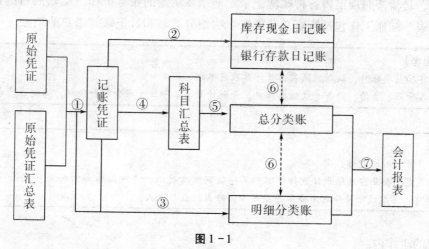

图1-1

（1）依据原始凭证或原始凭证汇总表编制记账凭证。

（2）依据记账凭证及所附原始凭证登记库存现金日记账和银行存款日记账。

（3）依据记账凭证及所附原始凭证登记明细分类账。

（4）依据记账凭证编制科目汇总表。

（5）依据科目汇总表登记总分类账。

（6）总分类账与库存现金日记账、银行存款日记账及所属明细分类账进行核对。

（7）依据结账后的总分类账、明细分类账编制会计报表。

（三）报账、结账与对账

报账是指企业定期报送财务报表，是会计工作的一项重要内容，也是会计的专门方法之一。

1. 报账工作程序

报账工作分为编制财务报表和报送财务报表两个环节。报账工作的程序如图 1 - 2 所示。

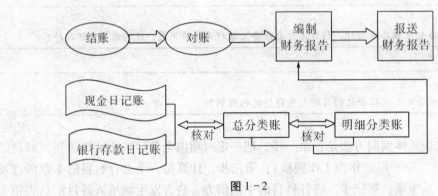

图 1 - 2

2. 结账

结账，是指按照规定将各种账簿记录定期结算清楚的账务工作。结账的目的是为了编制会计报表。结账工作包括所有总分类账、明细分类账和日记账等账户的结账。

【回顾与思考】

结清各损益类账户，编制利润表，并计算确定本期利润。

结清各资产、负债、所有者权益类账户，分别计算出本期发生额合计和余额，编制资产负债表。

【提醒您】

结账在什么时间进行？

根据规定，企业应在结账日进行结账，不得提前或者延迟。年度结账日为公历年度每年的 12 月 31 日；季度、月度结账日分别为公历年度每季、每月的最后一天。

结账的工作内容：

（1）编制"总分类账户试算平衡表"，进行总账试算平衡，保证记账无误；

（2）计算、登记各账户的本期发生额和期末余额。

具体结账的方法：

（1）需要结出当月发生额的，应当在摘要栏内注明"本月合计"字样，并在下面通栏划单红线。

（2）需要结出当季发生额的，应当在摘要栏内注明"本季合计"字样，并在下面通栏划单红线。

（3）需要结出本年累计发生额的，每月结账时，应在"本月合计"行下结出自年初起至本月末止的累计发生额，登记在月份发生额下面。在摘要栏内注明"本年累计"字样，并在下面通栏划单红线。12 月末的"本年累计"就是全年累计发生额，全年累计发生额下通栏划双红线。

（4）年度终了结账时，所有总账账户都应当结出全年发生额和年末余额。有余额的账户，要将其余额结转下一会计年度，并在摘要栏内注明"结转下年"字样；在下一会计年度新建有关会计账户的第一行余额栏内填写上年结转的金额，并在摘要栏内注明"上年结转"字样。

3. 对账

对账就是对账簿记录进行核对的工作。

为了保证账簿记录的完整和正确，为编制会计报表提供真实、可靠的数据资料，需要进行对账工作。

【回顾与思考】

《会计基础工作规范》规定，各单位应当定期将会计账簿记录的有关数字与库存实物、货币资金、有价证券往来单位或个人等进行相互核对，保证账证相符、账账相符、账实相符。对账工作每年至少进行一次。

对账的方法：

（1）账证核对的方法

账证核对采用逐笔核对、抽查核对的方法进行。这种核对除在日常制证、记账过程中进行以外，月末如果发现账证不符，就应重新进行账证的核对，以保证账证相符。

（2）账账核对的方法

账账核对，是指各账簿之间有关数字的核对，主要内容包括：

①总分类账各账户借方与贷方相互核对；

②总分类账各账户与其所属明细分类账各账户核对；

各账户本期借方发生额合计 = 各账户本期贷方发生额合计

各账户期末借方余额合计数 = 各账户期末贷方余额合计数

总分类账户本期借方发生额 = 所属各明细分类账户本期借方发生额合计

总分类账户本期贷方发生额 = 所属各明细分类账户本期贷方发生额合计

总分类账户本期借方余额 = 所属各明细分类账户本期借方余额合计

总分类账户本期贷方余额 = 所属各明细分类账户本期贷方余额合计

---

③库存现金日记账和银行存款日记账余额与总分类账各该账户余额相互核对；

> 库存现金日记账期末借方余额＝库存现金总分类账户期末借方余额
> 银行存款日记账期末借方余额＝银行存款总分类账户期末借方余额

④会计部门有关财产物资的明细分类账余额应该同财产物资保管或使用部门的登记簿所记录的内容，按月或定期相互核对。

（3）账实核对的方法

账实核对，是指各种财产物资的账面余额与实存数额相核对的方法。账实核对的具体内容包括：

①库存现金日记账账面余额与库存现金实际库存数相核对

库存现金日记账账面余额与库存现金实际库存数相核对也就是对库存现金进行清查。它是通过实地盘点确定库存现金的实存数，再与库存现金日记账的账面余额核对，以查明现金短缺或溢余的情况。

②银行存款日记账账面余额定期与银行对账单相核对

银行存款日记账账面余额定期与银行对账单相核对，是指企业定期（如一个月）从银行取得对账单，将企业的银行存款日记账与对账单逐笔进行核对。核对结果，如果银行存款日记账账面余额与对账单一致，说明双方记账都没有错误；如果银行存款日记账账面余额与对账单不一致，可能由两种原因造成：一是一方记账有错误，二是存在未达账项。

【回顾与思考】
何谓未达账项？如何处理未达账项？"银行存款余额调节表"的作用是什么？

③各种财产、物资明细分类账账面余额与财产、物资实存数相核对

各种财产、物资明细分类账账面余额与财产、物资实存数相核对，是指对财产、物资采用盘点的方法，确定财产、物资的实存数，进而和各种财产、物资明细分类账相核对，以保证各项财产、物资账实相符。

④各种应收、应付款明细分类账账户余额与有关债务、债权单位或者个人的账目相核对

各种结算往来款项一般采用函证核对法，即通过与对方单位核对账目的方法进行的清查。

本次实训要求编制"原材料"总账与所属明细账本期发生额及余额试算平衡表、"应收账款"总账与所属明细账本期发生额及余额试算平衡表、"生产成本"总账与所属明细账本期发生额及余额试算平衡表、"库存商品"总账与所属明细账本期发生额及余额试算平衡表，并进行总账与各明细账的余额核对。

（四）编制会计报表

结账以后，就进入了会计工作的最后一个步骤——编制会计报表。为了简化编制报表的工作，在正式编制报表前应先做好本期发生额及期末余额试算平衡表。

1. 资产负债表（一式三份，交国税、地税各一份，自留一份）

资产负债表是反映企业在某一特定日期（如月末、季末、年末）财务状况的会计报表。该表是根据"资产＝负债＋所有者权益"的会计等式，按照一定的分类标准和排列顺序，把企业在某一特定日期的资产、负债和所有者权益项目进行排列编制而成的。

本实训资料的资产负债表为年报，表内各项目的"期末余额"和"年初余额"均需要填写。"期末余额"要根据总分类账账户期末余额直接填列或分析计算填列；"年初余额"要根据表3－1中有关数据填列。

2. 利润表（一式三份，交国税、地税各一份，自留一份）

利润表，是反映企业一定时期（如月份、季度、年度）内经营成果的会计报表。利润表是以"收入－费用＝利润"这一公式为理论基础编制的。

本实训资料的利润表为月报表，表内各项均需要填写"本期金额"和"上期金额"。"本期金额"是在本月数的基础上再加表3－3中"（1～11月）本期金额"数据填列；"上期金额"数据取自表3－3中的"上期金额"。

（五）整理装订会计资料

1. 会计凭证的整理、装订

各种记账凭证按顺序编号后，应及时登账。登账完毕后，将记账凭证分别按类别整理成册，妥善保管。

记账凭证在装订之前，必须检查凭证填写内容是否齐全，逐张逐页对所附原始凭证检查是否完整，原始凭证粘贴是否牢固、宽窄厚薄是否均匀以及折叠是否符合。各种记账凭证连同所附的原始凭证或原始凭证汇总表整理加工装订成册后，应加具凭证封面，注明单位名称、年度、月份和起讫日期、凭证种类、起讫号码，并由装订人在装订封面签名或盖章。

装订记账凭证一般采用"顶齐法"装订，即将记账凭证和所附原始凭证顶齐左上角后装订，这种装订方法翻阅方便，但原始单据容易散失。也可以采用"三针引线法"装订，即在记账凭证左上角部位等距离打出三孔，先用线绳穿过中间孔，留扣，再把线绳两头从两边孔引过，并套入中间的留扣中，用力拉紧，系好，多余线绳剪掉即可。不管采用哪种方法，装订完后都要将包装订线的牛皮纸向左侧反折，再将包装订线的牛皮纸折向凭证背面，用胶水粘好，加盖财务印章和人名章。

2. 会计账簿的整理装订

会计账簿按类别顺序排列，完成所有内容的填写，再系上账绳，粘贴账簿封面。

3. 其他有关资料

（1）把属于公司内部、税务与银行等部门的资料装订在一起，视同已传递给有关部门。

（2）会计报表单独装订。

（3）会计核算中填写完成的其他资料单独折叠存放，如各种试算平衡表等。

三、会计基础课程实训计划

完成全部实训大约需要 30 学时，实训计划内容如表 1-8 所示。

表 1-8　　　　　　　　　实训计划安排表

序号	实训内容	课时分配
1	熟悉实训内容及要求	1
2	建立账簿	3
3	处理日常经济业务：包括编制记账凭证、登账	14
3	其中：处理 1~15 日经济业务	6
4	处理 16~29 日经济业务	8
5	期末会计工作	10
6	其中：对账和结账	2
7	试算平衡、编制试算平衡表	4
8	编制会计报表	4
9	凭证、账簿的整理、装订	2
	合计	30

四、会计基础课程实训要求

（一）对实训指导教师的要求

会计基础实训是培养和提高学生专业技能及加强学生动手能力的关键环节，为此实训指导教师的作用至关重要，实训指导教师对每一篇内容都要做到有计划、有要求、有指导、有讲评，并记录好实训成绩。

（二）对实训学生的要求

学生在进行实训时，态度要端正，目的要明确，要以一名真正的会计工作者的标准要求自己参与整个实训过程。具体要求如下：

（1）熟悉模拟公司概况，掌握模拟公司内部会计核算制度的规定。

（2）要求使用专用记账凭证、各种账簿及会计报表。

（3）按照现行《企业会计准则》进行账务处理。操作前要求组织学生认真学习《会计基础工作规范》，严格按照有关规定填写会计凭证，包括会计凭证的编号、日期、内容摘要、会计科目、金额、所附原始凭证张数等有关项目，登记账簿时字迹要清晰，按照规定的程序和方法记账、结账，发现错账时用正确的方法改正，以确保实训操作的规范性。

（4）实训结束后，应将各种记账凭证连同所附的原始凭证或原始凭证汇总表按编号顺序折叠整齐，分订两册，并加具封面，注明单位名称、年度、月份和讫止日期，并加盖财务负责人、装订人印盖，明确责任。

（5）实训结束后，应将各种账簿按不同格式装订成册，将全部会计报表装订成册，并加具封面，注明单位名称、年度、月份。

（6）使用本套实训资料，可以使用金蝶软件或用友软件进行全部实训内容的上机操作。

（7）认真阅读实训资料，最好一个人独立完成，以便达到对企业会计核算程序来龙去脉的完整认识。

（8）要求每人写出一份实训报告，把实训过程的每个环节以及实训体会予以归纳，再次将理论与实践相总结，进一步巩固基础会计的相关知识点，提高分析问题和解决问题的能力。

五、会计基础课程实训考核

为了使实训收到良好的效果，达到预期的目标，应建立一套科学的成绩考核办法。实训成绩的考核应贯穿于实训的全过程中，使之有效地促进学生实训操作的规范和实践技能的不断提高。

在实训过程中，采用过程和结果考核相结合的方式，主要注重过程的考核。过程考核占实训成绩的50%，主要考核学生平时的实训态度、独立完成程度、实训进度等；实训纪律（出勤）占实训成绩的10%；学生对实训过程进行总结和评价，写出的实训报告占实训成绩的20%；最终的完成情况和质量综合评价占20%。对在实训中认真、严谨、操作技能上有突出表现的学生应给予鼓励。

在实训完成后，可根据学生实训操作的态度、正确性、规范性、及时性、实训报告及实训纪律评定综合成绩。

六、会计基础课程实训用具

本次实训需要的相关用具名称及数量如表1-9所示。

表 1-9 实训用具名称及数量一览表

用具名称	单位	数量	备注
1. 通用记账凭证	张	70	按顺序编号
2. 记账凭证封面及包角	张	2	
3. 科目汇总表	张	2	
4. 账及账页	张		
订本账	张	50	总账
	张	1	现金日记账
	张	2	银行存款日记账
三栏式	张	3	应收账款明细账
数量金额式	张	5	原材料明细账
	张	2	库存商品明细账
多栏式	张	2	生产成本明细账
5. 报表	张		
资产负债表	张	1	
利润表	张	1	
6. 总分类账户试算平衡表	张	1	
7. "原材料"总账及所属明细账本期发生额及余额试算平衡表	张	1	
8. "应收账款"总账及所属明细账本期发生额及余额试算平衡表	张	1	
9. "生产成本"总账及所属明细账本期发生额及余额试算平衡表	张	1	
10. "库存商品"总账及所属明细账本期发生额及余额试算平衡表	张	1	
11. 账簿封面	张	1	所有账簿按顺序合订一本,用口取纸区分
12. 账绳	根	1	
13. 账夹	付	2	
14. 口取纸	张	若干	
15. 胶水	瓶	1	
16. 财务专用笔	支	红蓝各一支	
17. 直尺	把	1	
18. 实训报告	份	1	
19. 会计档案袋	个	1	全部实训资料装入袋内

第二篇　模拟实训公司概况

很多初学会计者，常有"考了驾照却不敢上路"的切身体会。因为当理论脱离了实际，就会显得非常空洞。为此，本篇将介绍四川美好果蔬饮品有限责任公司概况，为实训操作做好准备。

一、模拟实训公司基本情况

企业名称：四川美好果蔬饮品有限责任公司

注册地址：绵阳市高新区工业开发园 18 号

注册资金：2 000 万元

经营范围：生产、销售绿色无公害果蔬饮品为主的果蔬饮料、饮用纯净水及其他软饮料。

主营产品：黄瓜爽、V 能维生素饮料等十几种产品，有 355 毫升、550 毫升和 1 500 毫升三个包装规格。

纳税人登记号：510681749621556

法人代表：赵成刚

开户银行：农业银行绵阳市分行高新支行

银行账号：210101040005181

联系电话：（0816）2578899

二、模拟公司组织机构

1. 模拟公司组织机构图，如图 2 - 1 所示。

2. 会计岗位分工

（1）财务总监：陆涛，负责财务部全面工作，制定公司财务管理制度，审核公司财务成本计划执行情况。

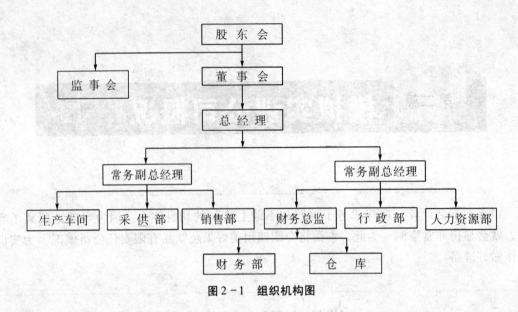

图 2-1 组织机构图

（2）主管会计：林方，负责记账凭证的审核、登记总账、编制科目汇总表及各种试算平衡表、各种对外报送的会计报表以及各种会计信息的编制。

（3）会计：夏琳，审核各种原始凭证，负责材料、成本、销售、收入等业务的核算，编制记账凭证，登记各类明细账。

（4）出纳：罗晓芸，办理货币资金的收付业务，负责票据和有价证券的保管工作，登记现金日记账、银行存款日记账。

三、模拟实训公司生产工艺流程

纯净水生产工艺流程如图 2-2 所示。

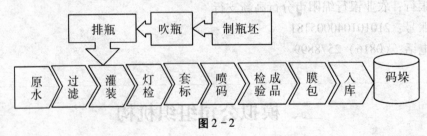

图 2-2

四、会计工作组织与账务处理程序

（一）存货核算

（1）原材料、周转材料（包装物、低值易耗品）、库存商品采用实际成本进行核算。外购材料的采购费用按重量分配。领用材料的核算，平时在"原材料明细账"等相关明细账中登记，月末根据采用全月一次加权平均法计算编制的"发料凭证汇总表"将材料费用直接计入当期成本费用。

（2）完工入库产品平时应根据"产成品入库单"在"库存商品明细账"中进行数量核算，月末根据"产品生产成本计算单"的计算结果，一次结转完工入库产品的成本。

（3）销售出库的产品应平时根据"产成品出库单"在"库存商品明细账"中进行数量核算，月末根据采用全月一次加权平均法计算编制的"已销产品成本计算表"结转已销产品的销售成本（先计算月末结存产品的成本，倒算已销产品的销售成本）。

（二）财产清查制度

该公司存货实行按季清查，采用永续盘存制，出现盘盈、盘亏时按相关准则的规定处理。

（三）成本计算

（1）该公司设置"直接材料"、"直接人工"及"制造费用"三个成本项目。

（2）月末，制造费用按产品生产工人工资比例分配。

（3）该公司355毫升黄瓜爽期初在产品200件，本月投产6 800件，全部完工；550毫升V能维生素饮料期初在产品300件，本月投产6 700件，全部完工。

（四）税费

（1）该公司为增值税一般纳税人，税率为17%。

（2）该公司的工资核算制度为每月20日根据上月"工资结算汇总表"发放工资，月末根据上月工资数编制"工资分配汇总表"分配工资；按工资总额的25%计提企业负担的社会保险费（为了简化核算，不再分为"五险一金"核算，职工个人负担的保险费在工资发放时代扣），按2%和1.5%分别计提工会经费和职工教育经费。该公司不计提职工福利费，发生福利费时直接计入当期费用。

（3）城市维护建设税按当月应交增值税的7%计提。

（4）教育费附加按当月应交增值税的3%计提。

（5）地方教育费附加按当月应交增值税的2%计提。

（6）价格调节基金按当月实际不含税销售额的0.08%计提。

（7）所得税税率为25%，不考虑其他税费的发生。

（五）其他

（1）采用"账结法"进行利润的核算，每月计算净利润并预缴所得税。年终按全年实现净利润的10%提取法定盈余公积，并依据股东大会的决议以净利润的40%向投资人分配利润（按年初该企业投资比例分配）。

（2）分配率保留小数点后四位，尾差由最后一项负担。

（3）单位成本计算结果保留小数点后两位。

（六）账务处理程序

该公司采用科目汇总表账务处理程序，在15日、31日分别编制科目汇总表，并登记总分类账。

第三篇　实训资料

在第二篇模拟实训公司概况的基础上，本篇从手工账务处理角度，全面模拟企业会计实务流程。包括从建账开始，到处理原始凭证、编制记账凭证、登记明细账、编制科目汇总表、登记总账、编制会计报表、装订凭证整个会计实务流程。

一、期初建账资料和其他资料

（一）总分类账户资料（如表 3-1 所示）

表 3-1　　　　　　　　　　总分类账户及余额　　　　　　　　　　单位：元

账户名称	年初余额		11 月 30 日余额	
	借方	贷方	借方余额	贷方余额
一、资产类				
库存现金	2 000.00		5 000.00	
银行存款	188 270.00		177 220.00	
应收票据	45 000.00		42 000.00	
应收账款	12 000.00		20 000.00	
其他应收账款			3 000.00	
原材料	73 900.00		32 416.20	
周转材料	12 500.00		2 674.00	
库存商品	11 490.00		15 478.00	
固定资产	1 416 000.00		1 862 961.00	
累计折旧		549 600.00		619 158.00
无形资产			48 000.00	
二、负债类				
短期借款		100 000.00		150 000.00
应付账款		13 073.00		25 000.00
应付职工薪酬		33 260.00		45 000.00

表3-1(续)

账户名称	年初余额		11月30日余额	
	借方	贷方	借方余额	贷方余额
应付利息				750.00
应交税费		1 824.00		2 828.54
三、所有者权益				
实收资本		1 000 000.00		1 000 000.00
资本公积		68 803.03		144 082.69
盈余公积		35 300.00		35 300.00
本年利润				201 750.00
利润分配		1 969.97		1 969.97
四、成本类				
生产成本	42 670.00		17 090.00	
合计	1 803 830.00	1 803 830.00	2 225 839.20	2 225 839.20

(二) 明细分类账户资料 (如表3-2、表3-3、表3-4所示)

表3-2   存货类明细分类账余额资料   单位: 元

一级科目	二级科目	三级科目				
		科目名称	计量单位	数量	单价	金额
原材料	原料及主要材料	白砂糖	千克	320	3.24	1 036.80
		黄瓜浓缩汁	千克	320	11.60	3 712.00
		红牛香精	千克	230	89.75	20 642.50
		一水柠檬酸	千克	110	5.59	614.90
		稳定剂	千克	125	51.28	6 410.00
						32 416.20
周转材料	包装物	热灌装瓶坯	克	300	3.33	999.00
		黄瓜标签	张	2 580	0.03	77.40
		红牛标签	张	2 200	0.03	66.00
	低值易耗品	洗衣粉	包	28	54.70	1 531.60
						2 674.00
库存商品		黄瓜爽	件	300	25.78	7 734.00
		V能维生素饮料	件	400	19.36	7 744.00
						15 478.00

表 3 - 3　　　　　　　　　　　　　　　生产成本明细账

成本项目 产品名称	直接材料	直接人工	制造费用	合计
黄瓜爽	5 300.00	2 200.00	1 440.00	8 940.00
V能维生素饮料	3 800.00	2 800.00	1 550.00	8 150.00
合计	9 100.00	5 000.00	2 990.00	17 090.00

表 3 - 4　　　　　　　　　　　其他明细分类账余额资料　　　　　　　　　单位：元

一级科目	二级科目	借方金额	贷方金额
应收票据	商业承兑汇票（北京机械厂）	42 000.00	
应收账款	成都若兰包装公司	20 000.00	
	绵阳茂源商贸公司	5 000.00	
其他应收款	钟明德	3 000.00	
固定资产	生产部门	1 584 561.00	
	管理部门	193 400.00	
	专设销售部门	85 000.00	
累计折旧			619 158.00
无形资产	专利权（摊销期5年，已摊3年）	48 000.00	
应付账款	绵阳市新华彩色业务公司		25 000.00
应付职工薪酬	社会保险费		45 000.00
应交税费	应交增值税		2 525.49
	应交城市维护建设税		176.78
	应交教育费附加		75.76
	应交地方教育费附加		50.51
实收资本	绵阳市国有资产经营公司		600 000.00
	绵阳市兴达股份有限公司		400 000.00
盈余公积	法定盈余公积金		23 600.00
	任意盈余公积金		11 700.00
利润分配	未分配利润		1 969.97

（三）其他资料（如表 3 - 5 所示）

表 3 - 5　　　　　　　　　　　　　　　利润表

编制单位：四川美好果蔬饮品有限责任公司　　　　　　　　会企 02 表

201 × 年 11 月　　　　　　　　　　　　　　　单位：元

项目	（1 ~ 11 月）本期金额	（上年金额）上期金额
一、营业收入	3 504 000. 00	3 950 500. 00
减：营业成本	2 317 000. 00	2 787 860. 00
营业税金及附加	39 150. 00	40 000. 00
销售费用	504 352. 00	63 720. 00
管理费用	357 000. 00	570 775. 00
财务费用	3 500. 00	5 775. 00
资产减值损失		
加：公允价值变动收益（损失以"-"号填列）		
投资收益（损失以"-"号填列）		
其中：对联营企业和合营企业的投资收益		
二、营业利润（亏损以"-"号填列）	282 998. 00	482 370. 00
加：营业外收入	56 159. 00	10 728. 00
减：营业外支出	70 157. 00	26 240. 00
其中：非流动资产处置损失		
三、利润总额（亏损总额以"-"号填列）	269 000. 00	466 858. 00
减：所得税费用	67 250. 00	46 163. 29
四、净利益（净亏损以"-"号填列）	201 750. 00	420 694. 71
五、每股收益：		
（一）基本每股收益		
（二）稀释每股收益		

二、201×年12月1日至201×年12月31日发生的经济业务事项

（一）201×年12月1日至201×年12月31日四川美好果蔬饮品有限责任公司经济业务描述

1. 201×年12月1日，出纳从银行提取现金6 000元备用。见原始凭证 $1\frac{1}{1}$。

2. 201×年12月2日，取得200 000元半年期流动资金借款，存入银行存款户。见原始凭证 $2\frac{1}{1}$。

3. 201×年12月3日，从四川中糖物流有限公司购入白砂糖500千克，货税款1 895.4元，开出转账支票支付，白砂糖已如数验收入库。见原始凭证 $3\frac{1}{5}$、$3\frac{2}{5}$、$3\frac{3}{5}$、$3\frac{4}{5}$、$3\frac{5}{5}$。

4. 201×年12月4日，采购部李丹预借差旅费3 000元，经批准付给现金。见原始凭证 $4\frac{1}{1}$。

5. 201×年12月5日，生产车间生产黄瓜爽领用白砂糖170千克、生产V能维生素饮料领用材料白砂糖100千克，生产车间一般耗用白砂糖80千克。见原始凭证 $5\frac{1}{3}$、$5\frac{2}{3}$、$5\frac{3}{3}$。

6. 201×年12月6日，用银行存款支付前欠绵阳市新华彩色印务公司货款25 000元。见原始凭证 $6\frac{1}{2}$、$6\frac{2}{2}$。

7. 201×年12月6日，生产车间完工黄瓜爽（1×335×24）1 800件，V能维生素饮料（1×550×20）1 000件，验收入库。见原始凭证 $7\frac{1}{1}$。

8. 201×年12月7日，销售给绵阳市四方商贸公司355毫升黄瓜爽800件（1×355×24）单价36.75元/件，共计34 398元，款已收存银行。见原始凭证 $8\frac{1}{3}$、$8\frac{2}{3}$、$8\frac{3}{3}$。

9. 201×年12月7日，收到银行转来的收账通知，系成都若兰包装公司偿还前欠货款20 000元。见原始凭证 $9\frac{1}{1}$。

10. 201×年12月7日，经公司董事会研究同意接受绵阳市兴达股份有限公司投入资本 400 000 元，款已存入银行。见原始凭证 10 $\frac{1}{2}$、10 $\frac{2}{2}$。

11. 201×年12月8日，缴纳上月增值税 2 525.49 元，城市维护建设税 176.78 元，教育费附加 75.76 元，地方教育费附加 50.51 元。见原始凭证 11 $\frac{1}{4}$、11 $\frac{2}{4}$、11 $\frac{3}{4}$、11 $\frac{4}{4}$。

12. 201×年12月8日，经公司董事会研究同意采购部购买重庆长安汽车一辆 50 000 元。货款已通过银行支付，并交付采购部使用。见原始凭证 12 $\frac{1}{3}$、12 $\frac{2}{3}$、12 $\frac{3}{3}$。

13. 201×年12月9日，以现金 1 220 元购买办公用品，行政部直接领用。见原始凭证 13 $\frac{1}{1}$。

14. 201×年12月10日，公司持有北京机械厂签发的商业汇票到期，现收到银行转来的收账通知，货款 42 000 元。见原始凭证 14 $\frac{1}{1}$。

15. 201×年12月10日，以现金支付行政部职工张力生活困难补助 1 800 元。见原始凭证 15 $\frac{1}{2}$、15 $\frac{2}{2}$。

16. 201×年12月11日，从西昌市澳丰食品公司购入黄瓜浓缩汁 100 千克、红牛香精 200 千克和一水柠檬酸 80 千克，已付款（货税款及运费）但未收料。见原始凭证 16 $\frac{1}{5}$、16 $\frac{2}{5}$、16 $\frac{3}{5}$、16 $\frac{4}{5}$、16 $\frac{5}{5}$。

17. 201×年12月11日，生产车间生产黄瓜爽领用黄瓜浓缩汁 100 千克，专设销售部门领用黄瓜浓缩汁 10 千克。见原始凭证 17 $\frac{1}{2}$、17 $\frac{2}{2}$。

18. 201×年12月11日，销售给成都食品批发城 V 能维生素饮料 1 200（1×550×20）件，黄瓜爽 1 000（1×355×24）件，销售产品已办理委托收款。见原始凭证 18 $\frac{1}{3}$、18 $\frac{2}{3}$、18 $\frac{3}{3}$。

19. 201×年12月12日，按合同约定，预付四川宜宾普什集团热灌装瓶坯货款 17 000 元。见原始凭证 19 $\frac{1}{2}$、19 $\frac{2}{2}$。

20. 201×年12月12日，用现金直接支付行政部业务招待费。见原始凭证 20 $\frac{1}{1}$。

21. 201×年12月13日，生产车间生产 V 能维生素饮料领用红牛香精 215 千克、一水柠檬酸 85 千克、领用稳定剂 8 千克；生产黄瓜爽领用稳定剂 12 千克。见原始凭证 21 $\frac{1}{2}$、21 $\frac{2}{2}$。

22. 201×年12月13日，从绵阳开鑫商贸公司购入洗衣粉30包（54.7元/包），以现金支付货款，并验收入库。见原始凭证 $22\frac{1}{3}$、$22\frac{2}{3}$、$22\frac{3}{3}$。

23. 201×年12月14日，11日从西昌市澳丰食品公司购入黄瓜浓缩汁、红牛香精和一水柠檬酸，经检验合格入库。见原始凭证 $23\frac{1}{1}$。

24. 201×年12月14日，生产车间完工黄瓜爽5 200件（1×355×24）、V能维生素饮料（1×550×20）6 000件，验收入库。见原始凭证 $24\frac{1}{1}$。

25. 201×年12月15日，财务部从绵阳胜峰科技有限公司购买财务软件一套价值32 000元，开出支票支付价款。见原始凭证 $25\frac{1}{4}$、$25\frac{2}{4}$、$25\frac{3}{4}$、$25\frac{4}{4}$。

26. 201×年12月15日，经公司董事会研究同意接受重庆市星海电子股份有限公司捐赠的星海笔记本电脑两台，价值18 000元。见原始凭证 $26\frac{1}{2}$、$26\frac{2}{2}$。

27. 201×年12月16日，开出支票支付绵阳有线电视台广告费12 000元。见原始凭证 $27\frac{1}{3}$、$27\frac{2}{3}$、$27\frac{3}{3}$。

28. 201×年12月17日，销售给绵阳市昕合商贸部2 800件V能维生素饮料（1×550×20），收现金并存入银行81 637.92元。见原始凭证 $28\frac{1}{3}$、$28\frac{2}{3}$、$28\frac{3}{3}$。

29. 201×年12月18日，收到四川宜宾普什集团发来的热灌装瓶坯5 000克，货款12月12日已预付。见原始凭证 $29\frac{1}{5}$、$29\frac{2}{5}$、$29\frac{3}{5}$、$29\frac{4}{5}$、$29\frac{5}{5}$。

30. 201×年12月19日，生产车间生产黄瓜爽领用包装物热灌装瓶坯2 650克、黄瓜标签1 040张，生产V能维生素饮料领用热灌装瓶坯1 400克、红牛标签1 180张，销售部门领用洗衣粉17包，车间一般耗用洗衣粉16包。见原始凭证 $30\frac{1}{4}$、$30\frac{2}{4}$、$30\frac{3}{4}$、$30\frac{4}{4}$。

31. 201×年12月19日，销售给雅安正大商城355毫升黄瓜爽5 000件（1×355×24），销售产品已办理托收承付手续，款未收。见原始凭证 $31\frac{1}{3}$、$31\frac{2}{3}$、$31\frac{3}{3}$。

32. 201×年12月20日，以现金支付本月电话费1 000元。见原始凭证 $32\frac{1}{1}$。（提示：管理部门负担60%，生产车间负担40%）

33. 201×年12月20日，开出现金支票提现152 440元，准备发放工资。见原始凭证 $33\frac{1}{1}$。

34. 201×年12月20日，发放上月工资，并调整代扣款项。见原始凭证 $34\frac{1}{1}$。

35. 201×年12月21日，收到银行活期存款利息收入249.51元。见原始凭证35 $\frac{1}{1}$。

36. 201×年12月22日，支付上月借款利息750元。见原始凭证36 $\frac{1}{2}$、36 $\frac{2}{2}$。

37. 201×年12月23日，在财产清查中仓库发现盘亏白砂糖50千克，确认原因系水灾所致，已报董事会审批。见原始凭证37 $\frac{1}{1}$。

38. 201×年12月24日，采供部钟明德报销上月差旅费，退现300元。见原始凭证38 $\frac{1}{2}$、38 $\frac{2}{2}$。

39. 201×年12月25日，支付汇兑手续费10.5元。见原始凭证39 $\frac{1}{1}$。

40. 201×年12月27日，收到银行转来的收账通知，成都食品批发城12月11日购买产品所欠货款，现已转入本公司账户。见原始凭证40 $\frac{1}{1}$。

41. 201×年12月28日，市保险公司已同意赔偿水灾所致白砂糖的部分损失100元，款项尚未收到，根据董事会审批意见，剩余损失转作营业外支出。见原始凭证41 $\frac{1}{1}$。

42. 201×年12月29日，开出支票支付专设销售部业务费8 700元。见原始凭证42 $\frac{1}{3}$、42 $\frac{2}{3}$、42 $\frac{3}{3}$。

43. 201×年12月30日，开出支票支付本月绵阳市电业局电费94 519.62元。见原始凭证43 $\frac{1}{5}$、43 $\frac{2}{5}$、43 $\frac{3}{5}$、43 $\frac{4}{5}$、43 $\frac{5}{5}$。（提示：电费单价每度为0.4元）

44. 201×年12月30日，编制本月"发料凭证汇总表"，结转原材料成本。见原始凭证44 $\frac{1}{1}$。（提示：单位成本采用全月一次加权平均法计算。）

45. 201×年12月30日，提取本月固定资产折旧。见原始凭证45 $\frac{1}{1}$。（提示：固定资产月综合折旧率为0.5%）

46. 201×年12月30日，计算城市维护建设税、教育费附加及地方教育费附加。见原始凭证46 $\frac{1}{1}$。

47. 201×年12月30日，分配本月工资。见原始凭证47 $\frac{1}{1}$。

48. 201×年12月30日，计提工会经费和职工教育经费。见原始凭证48 $\frac{1}{1}$。

49. 201×年12月31日，分配结转制造费用。见原始凭证49 $\frac{1}{1}$。

50. 201×年12月31日，计算并结转本月完工产品成本。见原始凭证50 $\frac{1}{2}$、50 $\frac{2}{2}$。

51. 201×年12月31日，分配结转本月已销产品成本。见原始凭证51 $\frac{1}{2}$、52 $\frac{2}{2}$。

52. 201×年12月31日，结转损益类账户，计算本月实现的利润。见原始凭证52 $\frac{1}{1}$。

53. 201×年12月31日，计算并结转应交纳的所得税。见原始凭证53 $\frac{1}{1}$。

54. 20 年1×12月31日，分配净利润。经董事会研究同意，按全年实现净利润的10%提取法定盈余公积，按可供投资者分配利润的40%向投资人分配现金股利。见原始凭证54 $\frac{1}{2}$、54 $\frac{2}{2}$。

55. 201×年12月31日，结转"利润分配"各明细账户。

（二）经济业务的原始凭证

1 $\frac{1}{1}$

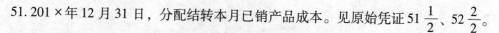

中国农业银行

现金支票存根（川）

$\frac{CB}{02}$11531701

科　　目＿＿＿＿＿＿＿＿＿＿＿＿＿＿

对方科目＿＿＿＿＿＿＿＿＿＿＿＿＿＿

出票日期　201×年12月1日

收款人：四川美好果蔬饮品有限责任公司

金额：　¥6 000.00元

用途：备用

备注：

单位主管　林方　　会计　夏琳

$2\dfrac{1}{1}$

中国农业银行贷款凭证（3）（收账通知）
201×年12月2日

贷款单位	四川美好果蔬饮品有限责任公司	种类	短期	贷款户账号	农行绵阳市分行高新支行 210101040005181									
						千	百	十	万	千	百	十	元	角	分
余额	人民币（大写）贰拾万元整						￥	2	0	0	0	0	0	0	0
用途	流动资产周转借款	单位申请期限		自201×年12月2日起至201×年6月2日										
		银行核定期限		自201×年12月2日起至201×年6月2日										

中国农业银行绵阳市分行高新支行 201×.12.02

上述货款已核准发放款，并已划入你单位账号。
利率4.8%
201×年12月2日
银行签章

贷

单位会计分录
收入
付出
复核　　　　记账
主管　　　　会计

$3\dfrac{1}{5}$　　5100041140

四川增值税专用发票
抵扣联

N o 10203190

开票日期：201×年12月3日

购货单位	名　　称：四川美好果蔬饮品有限责任公司 纳税人识别号：510681749621556 地址、电话：绵阳市高新区工业开发园18号 2578899 开户行及账号：农业银行绵阳市分行高新支行 210101040005181		密码区	016542－4－275〈1＋46＊54＊ 781301〉〈8102＊59＊09012 〈4〈3＊2182－9〉9＊－163 ＊01/4〉＊〉〉2－5＊0/9/〉	加密版本：01 5100041140 10203190
货物或应税劳务名称	规格型号	单位	数量	单价	金额	税率	税额
白砂糖		千克	500	3.24	1 620	17%	275.4
合计					￥1 620.00	17%	￥275.40
价税合计（大写）	⊗壹仟捌佰玖拾伍元肆角整				（小写）￥1 895.40		
销货单位	名　　称：四川中糖物流有限公司 纳税人识别号：510602833688767 地址、电话：绵阳市长虹大道中段77号 2301377 开户行及账号：市商业银行临江支行 07020014020059		备注		

第一联：抵扣联 购货方扣税凭证

四川中糖物流有限公司 510602833688767 发票专用章

收款人：　　　　复核：　　　　开票人：祝昂　　　　销货单位（章）

$3\frac{2}{5}$ 5100041140

四川增值税专用发票

发票联

N o 10203190

开票日期：201×年12月3日

购货单位	名 称：四川美好果蔬饮品有限责任公司 纳税人识别号：510681749621556 地址、电话：绵阳市高新区工业开发园18号 2578899 开户行及账号：农业银行绵阳市分行高新支行 210101040005181				密码区	016542 - 4 - 275 〈1 + 46 ＊54 ＊ 781301〉〈8102 ＊59 ＊09012 〈4〈3 ＊2182 - 9〉9 ＊ - 163 ＊01/4〉＊〉〉2 - 5 ＊0/9/〉		加密版本：01 5100041140 10203190
货物或应税劳务名称	规格型号	单位	数量	单价	金额	税率	税额
白砂糖		千克	500	3.24	1 620	17%	275.4
合计					¥1 620.00	17%	¥275.40
价税合计（大写）	⊗壹仟捌佰玖拾伍元肆角整					（小写）¥1 895.40	
销货单位	名 称：四川中糖物流有限公司 纳税人识别号：510602833688767 地址、电话：绵阳市长虹大道中段77号 2301377 开户行及账号：市商业银行临江支行 07020014020059			备注			

收款人：　　　　复核：　　　　　　　开票人：祝昂　　　　销货单位：（章）

$3\frac{3}{5}$

中国农业银行

转账支票存根（川）

$\frac{CB}{02}$12531150

科　　目_____

对方科目_____

出票日期　201×年12月3日

收款人：四川中糖物流有限公司

金额：¥1 895.40元

用途：付货款

备注：

单位主管 林方　　　会计 夏琳

$3\dfrac{4}{5}$

农业银行进账单（回单）　　1

201×年12月3日　　　　　　　　第 121 号

<table>
<tr><td rowspan="3">出票人</td><td>全称</td><td>四川美好果蔬饮品有限责任公司</td><td rowspan="3">收款人</td><td>全称</td><td colspan="8">四川中糖物流有限公司</td><td rowspan="9">此联是出票人开户银行交给出票人的回单</td></tr>
<tr><td>账号</td><td>210101040005181</td><td>账号</td><td colspan="8">007020014020059</td></tr>
<tr><td>开户银行</td><td>农行绵阳市分行高新支行</td><td>开户银行</td><td colspan="8">市商业银行临江支行</td></tr>
<tr><td colspan="2">人民币
（大写）</td><td colspan="2">壹仟捌佰玖拾伍元肆角整</td><td>千</td><td>百</td><td>十</td><td>万</td><td>千</td><td>百</td><td>十</td><td>元</td><td>角</td><td>分</td></tr>
<tr><td colspan="2"></td><td colspan="2"></td><td></td><td></td><td></td><td></td><td>¥</td><td>1</td><td>8</td><td>9</td><td>5</td><td>4</td><td>0</td></tr>
<tr><td>票据种类</td><td>支票</td><td>票据张数</td><td colspan="2">1</td><td colspan="8" rowspan="3">中国农业银行绵阳市
分行高新支行
2011.12.03
办讫章
（收款人开户行盖章）</td></tr>
<tr><td>票据号码</td><td colspan="3">12531150</td></tr>
<tr><td></td><td colspan="3"></td></tr>
</table>

$3\dfrac{5}{5}$

四川美好果蔬饮品有限责任公司
收料单

5812017

材料科目：原材料
材料类别：原料及主要材料
供应单位：四川中糖物流有限公司
发票号码：10203190　　　　　201×年12月13日　　　　　收料仓库：材料仓库

<table>
<tr><td rowspan="3">材料名称</td><td rowspan="3">规格</td><td rowspan="3">计量单位</td><td colspan="2">数量</td><td colspan="6">实际成本</td><td rowspan="8">第三联　记账联</td></tr>
<tr><td rowspan="2">应收</td><td rowspan="2">实收</td><td colspan="2">买价</td><td rowspan="2">运杂费</td><td rowspan="2">其他</td><td rowspan="2">合计</td><td rowspan="2">单位成本</td></tr>
<tr><td>单价</td><td>金额</td></tr>
<tr><td>白砂糖</td><td></td><td>千克</td><td>500</td><td>500</td><td>3.24</td><td>1 620.00</td><td>1 620.00</td><td></td><td></td><td></td></tr>
<tr><td></td><td></td><td></td><td></td><td></td><td></td><td></td><td></td><td></td><td></td><td></td></tr>
<tr><td>合计</td><td></td><td></td><td>500</td><td>500</td><td></td><td>1 620.00</td><td></td><td></td><td></td><td></td></tr>
</table>

记账： 陈建国　　　　　　收料： 王春贵　　　　　　制单： 王强

$4\dfrac{1}{1}$

四川美好果蔬饮品有限责任公司
借款单

201×－12－4

部门	采购部	姓名	李丹	借款用途	出差
借款金额	人民币（大写）叁仟元整（￥3 000.00）				
实报金额		结余金额		审核意见	同意
		超支金额			陆涛
备注				结账日期　年　月　日	

（现金付讫）

财务主管 林方　　　　　出纳 罗晓芸　　　　借款人签章：李丹

$5\dfrac{1}{3}$

四川美好果蔬饮品有限责任公司
领料单

材料科目：原材料
领料车间（部门）：基本生产车间　　　　　　　　　　　　材料类别：原料及主要材料
用途：生产黄瓜爽　　　　201×年12月5日　　　　　　　　编号：112106

工作令号	材料编号	材料名称	规格	计量单位	数量		实际成本	
					请领	实发	单位成本	金额
1×HCX－1		白砂糖		千克	170	170		
合计				千克	170	170		
备注		生产黄瓜爽						

记账：陈建国　　　　　发料：王春贵　领料部门：生产车间　　领料人：吴琼

第三联　记账联

$5\dfrac{2}{3}$

四川美好果蔬饮品有限责任公司
领料单

材料科目：原材料

领料车间（部门）：基本生产车间　　　　　　　　　　　　　　　材料类别：原料及主要材料

用途：生产车间一般耗用　　　　　201×年12月5日　　　　　　　编号：112107

| 工作令号 | 材料编号 | 材料名称 | 规格 | 计量单位 | 数量 | | 实际成本 | |
					请领	实发	单位成本	金额
		白砂糖		千克	80	80		
合计				千克	80	80		
备注		生产车间一般耗用						

记账：[陈建国]　　　　　发料：[王春贵]　领料部门：生产车间　　领料人：陈华

第三联 记账联

$5\dfrac{3}{3}$

四川美好果蔬饮品有限责任公司
领料单

材料科目：原材料

领料车间（部门）：基本生产车间　　　　　　　　　　　　　　　材料类别：原料及主要材料

用途：生产V能维生素饮料　　　　　201×年12月5日　　　　　　编号：112108

| 工作令号 | 材料编号 | 材料名称 | 规格 | 计量单位 | 数量 | | 实际成本 | |
					请领	实发	单位成本	金额
1×VNY-1		白砂糖		千克	100	100		
合计				千克	100	100		
备注		V能维生素饮料						

记账：[陈建国]　　　　　发料：[王春贵]　领料部门：生产车间　　领料人：吴琼

第三联 记账联

$6\dfrac{1}{2}$

中国农业银行

现金支票存根（川）

$\dfrac{CB}{02}$12531160

科　　目＿＿＿＿＿＿＿＿＿＿＿＿＿

对方科目＿＿＿＿＿＿＿＿＿＿＿＿＿

出票日期　201×年12月6日

收款人：绵阳市新华彩色印务公司

金额：¥25 000.00元

用途：付货款

备注：

单位主管　林方　　会计　夏琳

$6\dfrac{2}{2}$

农业银行进账单（回单）　　1

201×年12月6日　　　　　　　　　第122号

出票人	全称	四川美好果蔬饮品有限责任公司	收款人	全称	绵阳市新华彩色印务公司
	账号	210101040005181		账号	200201030002553
	开户银行	农行绵阳市分行高新支行		开户银行	农行绵阳市分行高新支行

人民币（大写）	贰万伍仟元整	千	百	十	万	千	百	十	元	角	分
					¥	2	5	0	0	0	0

票据种类	支票	票据张数	1
票据号码	12531160		

中国农业银行绵阳市分行高新支行
2011.12.06
办讫章
（收款人开户行盖章）

备注：

此联是出票人开户银行交给出票人的回单

035

$7\frac{1}{1}$

四川美好果蔬饮品有限责任公司
产成品入库单
201×年12月6日

9001233

交库单位：生产车间　　　　　　　　　　　　　　　　仓库：成品库

工作令号	产品名称	规格	计量单位	交库数量	备注
1×HGX－1	黄瓜爽	1×335×24	件	1 800	
1×VNY－1	V能维生素饮料	1×550×20	件	1 000	
合计				2 800	

车间负责人：尚天　　　　　　　仓库管理员：李义财　　　　　　　制单：王红

第三联　记账联

$8\frac{1}{3}$

四川增值税专用发票
（此联不作报销扣税凭证使用）　开票日期：201×年12月3日

5100040040

N o 00202101

购货单位	名　　　称：绵阳市四方商贸公司 纳税人识别号：510081395230778 开户行及账号：工行临江支行 40580013254		密码区	272＊12－4#275〈1 085371〉〈8002＊59＊ 〈1〈3＊2842－9〉2＊ ＊01/3〉＊〉〉6－2＊0	加密版本：01 5100040040 00202101

货物或应税劳务名称	规格型号	单位	数量	单价	金额	税率	税额
黄瓜爽	(1×335×24)	件	800	36.75	29 400.00	17%	4 998.00
合计					￥29 400.00	17%	￥4 998.00

价税合计（大写）　⊗叁万肆仟叁佰玖拾捌元整　　　　　　　（小写）￥34 398.00

销货单位	名　　　称：四川美好果蔬饮品有限责任公司 纳税人识别号：510681749621556 地址、电话：绵阳市高新区工业开发园18号 开户行及账号：农行绵阳市分行高新支行 210101040005181	备注	

收款人：　　　　复核：　　　　　开票人：张景　　　　销货单位：（章）

第一联：抵扣联　购货方扣税凭证

$8\dfrac{2}{3}$

农业银行进账单（收账通知）　　3

201×年12月7日

第89号

出票人	全　称	绵阳市四方商贸公司	收款人	全　称	四川美好果蔬饮品有限公司
	账　号	40580013254		账　号	210101040005181
	开户银行	工行临江支行		开户银行	农行绵阳市分行高新支行

金额	人民币（大写）	叁万肆仟叁佰玖拾捌元整	千	百	十	万	千	百	十	元	角	分
					¥	3	4	3	9	8	0	0

票据种类	支票	票据张数	1
票据号码	1564613		

中国农业银行绵阳市
分行高新支行
201×.12.07
收讫

（收款人开户银行盖章）

备注：

此联是收款人开户银行交给收款人的收账通知

$8\dfrac{3}{3}$

四川美好果蔬饮品有限责任公司
产成品出库通知单

4021021

201×年12月7日

编号	名称	规格	单位	应发数量	实发数量	单位成本	实际成本						
							十	万	千	百	十	元	角	分
	355毫升黄瓜爽		件	800	800								

会计：　夏琳　　　　　保管：　李义财　　　　　　制单：王红

第三联　记账联

$9\frac{1}{1}$

中国人民银行支付系统专用凭证

报文种类：CMT100	交易种类：HVPS 贷记	支付交易序号：4613
发起行行号：10236	汇款人开户行：10465	委托日期：201×.11.6
发起行名称：工行高新支行		
汇款人账号：4402239009006503245		
汇款人名称：成都若兰包装公司		
汇款人地址：成都市永丰路12号		
接收行行号：20369		
收款人账号：210101040005181	收款人开户行行号：3216	收报日期：2008.12.7
收款人名称：四川美好果蔬饮品有限责任公司		201×.12.07
收款人地址：绵阳市高新区工业开发园18号		收讫
货币符号、金额：RMB20 000.00		
附言：货款		
流水号：110068001309	打印时间：201×-12-7 10：08：37	业务编号：CM73010504260032
		入账账号：210101040005181

第二联：作客户通知单　　　会计　　　复核　　　记账

$10\frac{1}{2}$

投资协议书

第一条　本合同的各方为：

四川美好果蔬饮品有限责任公司（以下简称甲方）
法定地址：中国四川省绵阳市高新区工业园
法定代表人：赵成刚　职务：董事长　中国国籍

绵阳市兴达股份有限责任公司（以下简称乙方）
法定地址：中国四川省绵阳市长虹大道58号
法定代表人：周源　职务：董事长　中国国籍

第二条：乙方向甲方投资400 000元，投资后占甲方实收资本的10%，投资方式为货币资金。投资款自签订合同后10日内以转账方式支付，并同时办理股权认定手续。
………
………
第八条：协议共八条，自签订之日起生效。

四川希望果蔬饮品有限责任公司
（甲方）
（盖章）
法定代表人：毕成刚
201×-12-7

绵阳市兴达股份有限责任公司
（乙方）
（盖章）
法定代表人：周源
201×-12-7

注：此表不作为记账凭证附件

$10\dfrac{2}{2}$

农业银行进账单（收账通知） 3

201×年12月7日　　　　　　　　　　第 90 号

出票人	全称	绵阳市兴达股份有限责任公司	收款人	全称	四川美好果蔬饮品有限责任公司
	账号	7020026020186		账号	210101040005181
	开户银行	绵阳市商业银行滨江支行		开户银行	农行绵阳市分行高新支行

人民币（大写）	肆拾万元整	千	百	十	万	千	百	十	元	角	分
			¥	4	0	0	0	0	0	0	0

票据种类	支票	票据张数	1
票据号码		1253115	

绵阳市商业银行滨江支行
201×.12.07
转讫
（收款人开户行盖章）

$11\dfrac{1}{4}$

中华人民共和国税收通用缴款书　　　　国

隶属关系　　　　　　　　　　　　　　全国统税制章
注册类型：有限责任公司　　填发日期：201×年12月8日　　（201×贰）川国缴0785237号
　　　　　　　　　　　四川　　　　　　　征收机关：高新区国税局

缴款单位（人）	代码	510681749621556	预算科目	编码	10101013
	全称	四川美好果蔬饮品有限责任公司		名称	有限责任制企业增值税
	开户银行	农业银行绵阳市分行高新支行		级次	中央75%地方25%
	账号	210101040005181		收款国库	绵阳市高新区支库

税款所属时间 201×年11月1日至201×年11月30日　　税款限缴时间 201×年12月14日

品目名称	课税数量	计税金额或销售收入	税率或单位税额	已缴或扣除额	实缴金额
饮料		370 579.88	17%	60 473.09	2 525.49
金额合计	（大写）贰仟伍佰贰拾伍元肆角玖分				

绵阳市商业银行绵阳市分行高新支行
201×.12.8
收

缴款单位（人）（盖章）	税务机关（盖章）	上列款项已收妥并划转收款单位账户	备注：0510785237 一般申报征税高新区国税局计划征收处
经办人（章）	填票人	国库（银行）盖章　年 月 日	

逾期不缴按税法规定加收滞纳金

$11\dfrac{2}{4}$

中华人民共和国税收通用缴款书

四川 （201×壹）川地涂缴

隶属关系：区属企业

注册类型：有限责任公司　填发日期：201×年12月8日　征收机关：绵阳市高新区地税局

<table>
<tr><td rowspan="4">缴款单位（人）</td><td>代码</td><td>510681749621556</td><td rowspan="4">预算科目</td><td>编码</td><td colspan="2">101060109</td></tr>
<tr><td>全称</td><td>四川美好果蔬饮品有限责任公司</td><td>名称</td><td colspan="2">企业城市维护建设税</td></tr>
<tr><td>开户银行</td><td>农业银行绵阳市分行高新支行</td><td>级次</td><td colspan="2">市级40%，区级60%</td></tr>
<tr><td>账号</td><td>210101040005181</td><td>收款国库</td><td colspan="2">绵阳市高新区支库</td></tr>
<tr><td colspan="3">税款所属时间 201×年11月1日至201×年11月30日</td><td colspan="3">税款限缴时间 201×年12月14日</td></tr>
<tr><td>品目名称</td><td>课税数量</td><td colspan="2">计税金额或销售收入</td><td>税率或单位税额</td><td>已缴或扣除额</td><td>实缴金额</td></tr>
<tr><td>城市维护建设税
教育费附加
地方教育附加</td><td></td><td colspan="2">2 525.49</td><td>7%
5%
2%</td><td></td><td>176.78
75.76
50.51</td></tr>
<tr><td>金额合计</td><td colspan="3">（大写）叁佰零叁元伍分</td><td colspan="2">¥303.05</td><td></td></tr>
<tr><td>缴款单位（人）（盖章）
经办人（章）</td><td>税务机关（盖章）
填票人</td><td colspan="3">上列款项已收妥并划转收款单位账户
国库（银行）盖章
年　月　日</td><td colspan="2">备注：企业申报高新一分局五科</td></tr>
</table>

逾期不缴按税法规定加收滞纳金

$11\dfrac{3}{4}$

绵阳市电子缴税回单

清算日期：201×年12月8日

付款人名称：四川美好果蔬饮品有限责任公司
付款人账号：210101040005181
付款人开户银行：农业银行绵阳市分行高新支行
收款人名称：绵阳市高新区国家税务局
收款人账号：210374010400005

收款人开户银行：国家金库绵阳市高新区支库
款项内容：代扣国（地）税款
大写金额：人民币贰仟伍佰贰拾伍元肆角玖分
小写金额：¥2 525.49
电子税票号：2100707162058110
纳税人编码：510681749621556
纳税人名称：四川美好果蔬饮品有限责任公司

税种名称：	所属期：	纳税人金额：
增值税	201×1101－201×1131	¥2 525.49

打印日期：201×-12-08　　打印次数　1　　复核：何羽　　经办：罗勤

11 $\frac{4}{4}$

绵阳市电子缴税回单

清算日期：201×年12月8日

付款人名称：四川美好果蔬饮品有限责任公司
付款人账号：210101040005181
付款人开户银行：农业银行绵阳市分行高新支行
收款人名称：绵阳市高新区地方税务局

收款人账号：210374010400005
收款人开户银行：国家金库绵阳市高新区支行
款项内容：代扣国（地）税款
大写金额：人民币叁佰零叁元伍分
小写金额：¥303.05
电子税票号：2101275910701267
纳税人编码：510681749621556
纳税人名称：四川希望果蔬饮品有限责任公司

税种名称：	所属期：	纳税人金额：
城市维护建设税	201×1101 – 201×1131	¥176.78
教育费附加	201×1101 – 201×1131	¥75.76
地方教育费附加	201×1101 – 201×1131	¥50.51

打印日期：201×－12－08　　　打印次数 1　　　复核：李阳　经办：肖晓

（中国农业银行绵阳市分行高新支行　201×.12.8　收讫）

回单联

机动车销售统一发票
发票联

12 $\frac{1}{3}$

购货单位（人）	四川美好果蔬饮品有限责任公司		身份证号码/组织机构代码		749621556		
车辆类型	货车	厂牌型号		长安		产地	重庆
合格证号	1646694	进口证明书号				商检单号	
发动机号码	BCC095145		车架号码/车辆识别代码		LSVFB49J2422022953		
数量	1	单价	50 000 元/辆			合同单号	
价外费用	名称	费		费			
	金额						
价费合计金额	（大写）伍万元整				50 000.00		
销售单位名称	重庆长安汽车有限公司		地址	重庆市新华路23号		电话	023 – 63630662
纳税人识别号	520112795191364		开户银行	农行新华支行		账号	891201040020998
备注			审核单位（盖章）		重庆长安汽车有限公司　财务专用章		

销售单位名称：　　　　　　　开票人：张平　　　　　　　收款人：李静

$12\dfrac{2}{3}$

中国农业银行电汇凭证（回单）　　1

委托日期：201×年12月8日

汇款人	全称	四川美好果蔬饮品有限责任公司		收款人	全称	重庆长安汽车有限公司									
	账号或住址	210101040005181			账号或住址	018146571001									
	汇出地点	绵阳市高新区工业开发区67号			汇入地点	重庆市	汇入行名称	重庆分行							
金额	人民币（大写）	伍万元整						十万	千	百	十	元	角	分	
							¥	5	0	0	0	0	0	0	0
款项已汇入收款人账户				支付密码											
					附加信息及用途										
					复核　　　记账										

此联汇出行给汇款人的回单

$12\dfrac{3}{3}$

四川美好果蔬饮品有限责任公司
固定资产移交使用验收单
201×年12月8日

名称	规格型号	单位	数量	设备价款	预计使用年限	使用部门
长安汽车		辆	1	50 000.00	5	采供部
合计			1	50 000.00		
备注	购入					

单位主管：　　　　　　记账：李德　　使用部门负责人：祝力　　制单：周敏

四川省绵阳市商业零售统一发票

发票联

13 $\frac{1}{1}$

发票代码：261001024013

发票号码：00063983

购货单位：四川美好果蔬饮品有限责任公司

201×年12月9日填制

摘要	单位	数量	单价	金额							
				十万	千	百	十	元	角	分	
打印纸	箱	5	150.00			7	5	0	0	0	
墨盒	盒	2	210.00			4	2	0	0	0	
签字笔	支	50	1.00				5	0	0	0	
合计人民币（大写）壹仟贰佰贰拾元整					￥	1	2	2	0	0	0

绵阳新意文文化用品公司
财务专用章

现金付讫

发票联

备注： 行政部直接领用

收款单位（财务公章）　　　　会计：　　　　收款人：刘荣　　　　经手人：刘融

14 $\frac{1}{1}$

中国人民银行支付系统专用凭证

N o 000000428350

报文种类：CMT100	交易种类：HVPS 贷记	支付交易序号：4613
发起行行号：10126	汇款人开户行：10465	委托日期：201×.12.10
发起行名称：北京市工行宣武支行		
汇款人账号：717－8634208898		
汇款人名称：北京机械厂		
汇款人地址：北京市宣武区梨园路135号		
接收行行号：10146		
收款人账号：210101040005181	收款人开户行行号：3226	
收款人名称：四川美好果蔬饮品有限责任公司		收报日期：201×.12.10
收款人地址：绵阳市高新区工业开发园18号		
货币符号、金额：RMB420 000.00		
附言：支付到期的商业承兑汇票款420 000.00 元		
流水号：110068001309		
	打印时间：201×-12-10 11：08：37	业务编号：CM73010504260032
		入账账号：40586123768

中国农业银行绵阳市
分行高新支行
转讫

第二联：作客户通知单　　　　会计：李勤　　　　复核：付蓉　　　　记账：白晓

$15\frac{1}{2}$

关于发放职工生活困难补助的通知

财务科：

　　根据工会小组意见，经公司委员会研究，决定给张力生活困难补助人民币壹仟捌佰元整（1 800.00元），请你科按规定发放。

四川美好果蔬饮品有限责任公司人力资源部

201×-12-10

$15\frac{2}{2}$

职工困难补助申请表（代现金支付凭证）

201×-12-10

申请人	张力	所在部门	行政部
申请金额	1 800.00元	平均生活费	1 000.00元
申请理由	生活困难补助		
工会小组意见	同意补助	公司工会批示	同意	人民币（大写：壹仟捌佰元整）签收：张力

现金付讫

$16\frac{1}{5}$　5100041140

四川增值税专用发票

抵扣联

N o 10202343

开票日期：201×年12月11日

| 购货单位 | 名　　　称：四川美好果蔬饮品有限责任公司
纳税人识别号：510681749621556
地址、电话：绵阳市高新区工业开发园18号　2578899
开户行及账号：农行绵阳市分行高新支行210101040005181 | | 密码区 | 016542-4-275〈1+46*54*781301〉〈8102*59*09012〈4〈3*2182-9〉9*-163〈/0*01/4〉*〉〉2-5*0/9/〉〉17 | | 加密版本：01
5100041140
10202343 |

货物或应税劳务名称	规格型号	单位	数量	单价	金额	税率	税额
黄瓜浓缩汁		千克	100	11.6	1 160	17%	197.2
红牛香精		千克	200	89.75	17 950	17%	3 051.5
一水柠檬酸		千克	80	5.39	431.2	17%	73.304
合计					￥19 541.20	17%	￥3 322.00

价税合计（大写）	⊗贰万贰仟捌佰陆拾叁元贰角整		（小写）￥22 863.20

| 销货单位 | 名　　　称：西昌市澳丰食品公司
纳税人识别号：510542833681067
地址、电话：西昌市商业街88号（0834）6757723
开户行及账号：高新区农行营业部200201030002553 | | 备注 | 西昌市澳丰食品公司
510602833688767
发票专用章 |

第一联：抵扣联　购货方扣税凭证

收款人：　　　　复核：　　　　开票人：李瑞　　　　销货单位：（章）

16 2/5　5100041140

四川增值税专用发票

发票联

N o 10202343

开票日期：201×年12月11日

购货单位	名　　称：四川美好果蔬饮品有限责任公司 纳税人识别号：510681749621556 地址、电话：绵阳市高新区工业开发园18号　2578899 开户行及账号：农行绵阳市分行高新支行210101040005181	密码区	016542-4-275〈1+46*54* 781301〉〈8102*59*09012 〈4〈3*2182-9〉9*-163〈/0 *01/4〉*〉〉2-5*0/9/〉〉17	加密版本：01 5100041140 10202343

货物或应税劳务名称	规格型号	单位	数量	单价	金额	税率	税额
黄瓜浓缩汁		千克	100	11.6	1 160	17%	197.2
红牛香精		千克	200	89.75	17 950	17%	3 051.5
一水柠檬酸		千克	80	5.39	431.2	17%	73.304
合计					¥19 541.20	17%	¥3 322.00

价税合计（大写）	⊗贰万贰仟捌佰陆拾叁元贰角整	（小写）¥22 863.20

销货单位	名　　称：西昌市澳丰食品公司 纳税人识别号：510542833681067 地址、电话：西昌市商业街88号（0834）6757723 开户行及账号：高新区农行营业部200201030002553	备注	西昌市澳丰食品公司 510602833688767 发票专用章

收款人：　　　　复核：　　　　开票人：李瑞　　　　销货单位：（章）

（第二联：发票联 购货方记账凭证）

16 3/5

公路、内河货物运输业统一发票

发票联

开票日期：

发票代码 251000710001

发票号码 00088239

机打代码 机打号码 机器编号	251000710001 00088239 889000134374	税控码	010409467647＞5＞488532655＞＜1＞02/02/88＋/25＋ ＞＜*26357＋9539* 2＞2＞1/2*81026＋73＞4116478/37＋1＞8＋＋0＋28＋ 3＜＜53203＋2/2＞2195 ＞＜*62*/2＜546＜80111/＋＞2＜65684＋/84	
收货人及 纳税人识别号	四川美好果蔬饮品有限责任公司 510681749621556	承运人及 纳税人识别号	广元顶通公司西昌分公司 540111745273161	
发货人及 纳税人识别号	西昌市澳丰食品公司 510542833681067	主管税务机关 及代码	西昌市地方税务局直属征收分局征收处 25301911121	

运输项目及金额	货物名称 浓缩汁	数量 0.00	运价 0.00	里程 0.00	金额 1 200	其他项目及金额	项目 装卸费	金额 500	备注　　　（手写无效） 广元顶通公司西昌分公司 财务专用章 承运人签章

运费小计	¥1 200.00	其他费用小计	¥0.00
合计（大写）	壹仟贰佰元整		小写¥1 200.00

承运人盖章　　　　　　　　开票人：施伟

（第一联 发票联 付款方记账凭证（手写无效））

$16\dfrac{4}{5}$

公路、内河货物运输业统一发票
抵扣联

发票代码 251000710001

发票号码 00088239

开票日期：

第二联 抵扣联付款方抵扣凭证（手写无效）

机打代码 机打号码 机器编号	251000710001 00088239 889000134374	税控码	010409467647 > 5 > 488532655 > < 1 > 02/02/88 +/25 + > < *26357 +9539 * 2>2>1/2 *81026 +73 >4116478/37 + 1 >8 + + 0 + 28 + 3 < <53203 +2/2 >2195 > < *62 */2 <546 <80111/ + >2 *65684 +/84		
收货人及 纳税人识别号	四川美好果蔬饮品有限责任公司 510681749621556	承运人及 纳税人识别号	广元顶通公司西昌分公司 540111745273161		
发货人及 纳税人识别号	西昌市澳丰食品公司 510542833681067	主管税务机关 及代码	西昌市地方税务局直属征收分局征收处 25301911121		
运输项目及金额	货物名称 数量 运价 里程 金额 浓缩汁 0.00 0.00 0.00 1 200	其他项目及金额	项目 金额 装卸费 500	备注 （手写无效） 广元顶通公司西昌分公司 **财务专用章** 承运人签章	
运费小计	￥1 200.00	其他费用小计	￥0.00		
合计（大写）	壹仟贰佰元整			小写￥1 200.00	

承运人盖章　　　　　　　　　　　　　　开票人：施伟

$16\dfrac{5}{5}$

中国农业银行电汇凭证（回单）　　1

委托日期：201×年12月11日

此联为汇出行给汇款人的回单

汇款人	全称	四川美好果蔬饮品有限责任公司	收款人	全称	西昌市澳丰食品公司										
	账号或住址	210101040005181		账号或住址	200201030002553									
	汇出地点	绵阳市高新区工业开发区67号		汇入地点	四川省西昌市	汇入行名称	高新区农行营业部							
金额	人民币（大写）	贰万肆仟零陆拾叁元贰角整					十万	千	百	十	元	角	分	
							￥2	4	0	6	3	2	0	
款项已汇入收款人账户			办讫章	支付密码										
			汇入行签章	附加信息及用途										
					复核　　　记账									

$17\dfrac{1}{2}$

四川美好果蔬饮品有限责任公司
领料单

材料科目：原材料

领料车间（部门）：基本生产车间

用途：生产黄瓜爽   201×年12月11日

材料类别：原料及主要材料

编号：112109

工作令号	材料编号	材料名称	规格	计量单位	数量		实际成本	
					请领	实发	单位成本	金额
1×HCX-1		黄瓜浓缩汁		千克	100	100		
合计				千克	100	100		
备注		生产黄瓜爽						

记账：陈建国   发料：王春贵   领料部门：生产车间   领料人：吴琼

第三联 记账联

$17\dfrac{2}{2}$

四川美好果蔬饮品有限责任公司
领料单

材料科目：原材料

领料车间（部门）：销售部

用途：销售部门用   201×年12月11日

材料类别：原料及主要材料

编号：112110

工作令号	材料编号	材料名称	规格	计量单位	数量		实际成本	
					请领	实发	单位成本	金额
1×HCX-1		黄瓜浓缩汁		千克	10	10		
合计				千克	10	10		
备注		销售部门领用						

记账：陈建国   发料：王春贵   领料部门：销售部   领料人：李锦

第三联 记账联

$18\frac{1}{3}$

四川增值税专用发票　　　　　No 00202102

5100040040

此联不作报销、扣税凭证使用　开票日期：201×年 12 月 11 日

购货单位	名　称：成都食品批发城 纳税人识别号：510080395230885 地址、电话：成都食品批发城 1-3-4 开户行及账号：招行小天支行 1083808710001			密码区	272*12-4#275〈1+67*54* 085371〉〈8002*59*0 〈1〈3*2842-9〉2*+453 *01/3〉 *〉〉6-2*0/9		加密版本：01 5100040040 00202102

货物或应税劳务名称	规格型号	单位	数量	单价	金额	税率	税额
V 能维生素饮料	1×550×20	件	1 200	25.64	30 768.00	17%	5 230.56
黄瓜爽	1×355×24	件	1 000	36.75	36 750.00	17%	6 247.50
合计					￥67 518.00	17%	￥11 478.06
价税合计（大写）	⊗柒万捌仟玖佰玖拾陆元零陆分				（小写）￥78 996.06		

销货单位	名　称：四川美好果蔬饮品有限责任公司 纳税人识别号：510681749621556 地址、电话：绵阳市高新区工业开发园 18 号 开户行及账号：农行绵阳市分行高新支行 210101040005181	备注

收款人：　　　复核：　　　开票人：张 景　　　销货单位：（章）

$18\frac{2}{3}$

四川美好果蔬饮品有限责任公司

产成品出库通知单　　　　4021022

201×年 12 月 11 日

编号	名称	规格	单位	应发数量	实发数量	单位成本	实际成本							
							十	万	千	百	十	元	角	分
1	355 毫升黄瓜爽	1×355×24	件	1 000	1 000								
2	V 能维生素饮料	1×550×20	件	1 200	1 200								

会计：夏琳　　　保管：张春贵　　　制单：刘红艳

$18\dfrac{3}{3}$

托收凭证（受理回单）　　　1

委托日期201×年12月11日

业务类型		委托收款 　（☑邮划　□电划）		托收承付（□邮划　口电划 　）										
付款人	全　　称	成都食品批发城	收款人	全　　称	四川美好果蔬饮品有限责任公司									
	账号或地址	1083808710001		账　号	210101040005181									
	开户银行	招行小天支行		开户银行	农行绵阳市分行高新支行									
托收金额	人民币（大写）	柒万捌仟玖伯玖拾陆元零陆分			千	百	十	万	千	百	十	元	角	分
							￥	7	8	9	9	6	0	6
款项内容	销货款	托收凭据名称	委托收款	附寄单证	贰张									
商品发运情况	已发运		合同名称	绵合字（2008）7375号										
备注：			款项收妥日期 年　月　日											
复核　　　记账			年　月　日											

$19\frac{1}{2}$

商品购销合同

合同号：201×－28

甲方（购货方）：四川美好果蔬饮品有限责任公司

乙方（销货方）：四川宜宾普什集团公司

本着平等互利原则，经双方协商，共同订立以下合同：

一、双方必须有合法的营业执照，乙方所提供商品必须有合法商标，根据不同商品分别提供生产经营

许可证、注册商标证、产品合格证、进口商品检验证等。

二、甲方向乙方订购以下商品：

商品名称	计量单位	数量	单价	金额
热灌装瓶坯	克	5 000	3.4	17 000.00

三、到货时间和地点：15 天内发货，货物由购货方自提。

四、货款结算：满 50 000 克可享受九折优惠。

五、合同一式二份，双方签章后生效。如违约须赔偿对方损失，按价款的 20% 赔偿，不可抗力除外。

本合同在履行过程中，若发生纠纷和异议，双方协商解决。

甲方：四川美好果蔬饮品有限责任公司　　　　乙方：四川宜宾普什集团公司

法定代表人：赵成刚　　　　　　　　　　　　法定代表人：赵普

账号：农业银行绵阳市分行高新支行　　　　　账号：工商银行宜宾市顺江支行

210101040005181　　　　　　　　　　　　44022310090223200212

电话：（0816）2578899　　　　　　　　　　电话：（0717）6223455

地址：绵阳市高新区工业开发园 18 号　　　　地址：宜宾市顺江路 18 号

签约日期：

201×年 12 月 11 日

签约日期：

201×年 12 月 11 日

注：此表不作为记账凭证附件。

$19\frac{2}{2}$

中国农业银行电汇凭证（回单）　　1
委托日期：201×年12月11日

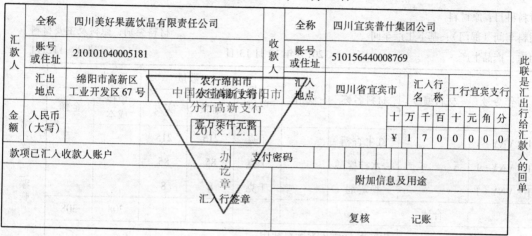

汇款人	全称	四川美好果蔬饮品有限责任公司		收款人	全称	四川宜宾普什集团公司										
	账号或住址	210101040005181			账号或住址	510156440008769										
	汇出地点	绵阳市高新区工业开发区67号			汇入地点	四川省宜宾市	汇入行名称	工行宜宾支行								
金额	人民币（大写）	壹万柒仟元整						十万	千	百	十	元	角	分		
								¥1	7	0	0	0	0	0		
款项已汇入收款人账户			支付密码			附加信息及用途										
			汇入行签章			复核　　　　记账										

$20\frac{1}{1}$

四川美好果蔬饮品有限责任公司
费用报销单
报销日期：201×年12月12日　　　　　　　　附件　3张（略）

费用项目	类别	金额	部门负责人（签章）	阳娟
公司经费	业务招待费	570.00		
			审查意见	同意报销。　陆涛
			报销人	张昕
报销金额合计		570.00		
核实金额（大写）：人民币伍佰柒拾元整				
借款数　　　　应退数　　　　应补金额：570.00				

审核：　夏琳　　　　　　　　　　　　　　　　出纳：杨晓芸

$21\frac{1}{2}$

四川美好果蔬饮品有限责任公司
领料单

材料科目：原材料

领料车间（部门）：基本生产车间　　　　　　　　　　　　　　　材料类别：原料及主要材料

用途：产品生产　　　　　　　201×年12月13日　　　　　　　编号：112111

工作令号	材料编号	材料名称	规格	计量单位	数量		实际成本	
					请领	实发	单位成本	金额
1×VNY−1		红牛香精		千克	215	215		
1×VNY−1		一水柠檬酸		千克	85	85		
1×VNY−1		稳定剂		千克	8	8		
合计							308	308
备注		生产V能维生素饮料耗用						

记账：陈建国　　　　　发料：王春贵　　领料部门：基本车间　　领料人：王强

第三联　记账联

$21\frac{2}{2}$

四川美好果蔬饮品有限责任公司
领料单

材料科目：原材料

领料车间（部门）：基本生产车间　　　　　　　　　　　　　　　材料类别：原料及主要材料

用途：生产黄瓜爽　　　　　　201×年12月13日　　　　　　　编号：112112

工作令号	材料编号	材料名称	规格	计量单位	数量		实际成本	
					请领	实发	单位成本	金额
1×HGX−1		稳定剂		千克	12	12		
合计							12	12
备注		生产V能维生素饮料耗用						

记账：陈建国　　　　　发料：王春贵　　领料部门：生产车间　　领料人：王强

第三联　记账联

22 $\frac{1}{3}$ 　5100041008

四川增值税专用发票
抵扣联

N o 20010198

开票日期：201×年 12 月 13 日

购货单位	名　　　称：四川美好果蔬饮品有限责任公司 纳税人识别号：510681749621556 地址、电话：绵阳市高新区工业开发园 18 号 2578899 开户行及账号：农业银行绵阳市分行高新支行 210101040005181					密码区	016542－4－275〈1＋46＊54＊ 781301〉〈8102＊59＊09012 ＊01/4〉＊〉〉2－5＊0/9/〉〉17		加密版本：01 5100041008
货物或应税劳务名称	规格型号	单位	数量	单价	金额		税率	税额	
洗衣粉		包	30	54.7	1 641		17%	278.97	
合计					¥ 1 641.00		17%	¥ 278.97	
价税合计（大写）　⊗壹仟陆佰肆拾壹元整							（小写）¥ 1 641.00		
销货单位	名　　　称：绵阳市开鑫商贸公司 纳税人识别号：510542855685565 地址、电话：绵阳市东风路 38 号 (0834) 4221553 开户行及账号：中国银行绵阳市分行东风支 行 665201031114887			备注					

收款人：　　　　复核：　　　　　　开票人：李军　　　　销货单位：（章）

第一联：抵扣联　购货方扣税凭证

---

22 $\frac{2}{3}$ 　5100041008

四川增值税专用发票
发票联

N o 20010198

开票日期：201×年 12 月 13 日

购货单位	名　　　称：四川美好果蔬饮品有限责任公司 纳税人识别号：510681749621556 地址、电话：绵阳市高新区工业开发园 18 号 2578899 开户行及账号：农业银行绵阳市分行高新支行 210101040005181					密码区	016542－4－275〈1＋46＊54＊ 781301〉〈8102＊59＊09012 ＊01/4〉＊〉〉2－5＊0/9/〉〉17		加密版本：01 5100041008 20010198
货物或应税劳务名称	规格型号	单位	数量	单价	金额		税率	税额	
洗衣粉		包	30	54.7	1 641		17%	278.97	
合计					¥ 1 641.00		17%	¥ 278.97	
价税合计（大写）　⊗壹仟陆佰肆拾壹元整							（小写）¥ 1 641.00		
销货单位	名　　　称：绵阳市开鑫商贸公司 纳税人识别号：510542855685565 地址、电话：绵阳市东风路 38 号 (0834) 4221553 开户行及账号：中国银行绵阳市分行东风支 行 665201031114887			备注	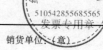				

收款人：　　　　复核：　　　　　　开票人：李小　　　　销货单位：（章）

第二联：发票联　购货方记账凭证

$22\frac{3}{3}$

四川美好果蔬饮品有限责任公司
收料单

材料科目：周转材料

材料类别：低值易耗品

供应单位：西昌市澳丰食品公司

发票号码：10202343　　　　　　201×年12月13日　　　　　　收料仓库：材料仓库

5812018

材料名称	规格	计量单位	数量		实际成本						第三联 记账联
			应收	实收	买价		运杂费	其他	合计	单位成本	
					单价	金额					
洗衣粉		包	30	30	54.7	1 641.00			1 641.00		
合计				30		1 641.00			1 641.00		

记账：　陈建国　　　　　　收料：　王春贵　　　　　　制单：　王强

$23\frac{1}{1}$

四川美好果蔬饮品有限责任公司
收料单

材料科目：原材料

材料类别：原料及主要材料

供应单位：西昌市澳丰食品公司

发票号码：10202343　　　　　　201×年12月14日　　　　　　收料仓库：材料仓库

5812018

材料名称	规格	计量单位	数量		实际成本						第三联 记账联
			应收	实收	买价		运杂费	其他	合计	单位成本	
					单价	金额					
黄瓜浓缩汁		千克	100	100	11.6	1 160.00	315.79		1 475.79	14.76	
红牛香精		千克	200	200	89.75	17 950.00	631.58		18 581.58	92.91	
一水柠檬酸		千克	80	80	5.39	431.20	252.63		683.83	8.55	
合计				380		19 541.20	1 200.00		20 741.20		

记账：　陈建国　　　　　　收料：　王春贵　　　　　　制单：　王强

24 $\frac{1}{1}$

四川美好果蔬饮品有限责任公司
产成品入库单

9001234

交库单位：基本生产车间　　　　201×年12月14日　　　　仓库：成品库

工作令号	产品名称	规格	计量单位	交库数量	备注
1×HGX-1	黄瓜爽	1×335×24	件	5 200	
1×VNY-1	V能维生素饮料	1×550×20	件	6 000	
合计				11 200	

车间负责人：尚天　　　　仓库管理员：李义财　　　　　　制单：王红

第三联　记账联

25 $\frac{1}{4}$

四川增值税专用发票

抵扣联

5100641001

N o 35068001

开票日期：201×年12月15日

购货单位	名　　称：四川美好果蔬饮品有限责任公司 纳税人识别号：51068174962 1556 地址、电话：绵阳市高新区工业开发园18号　2578899 开户行及账号：农业银行绵阳市分行高新支行 210101040005181	密码区	016542-4-275〈1+46*54* 781301〉〈8102*59*09012 〈4〈3*2182-9〉9*-163〈/0 *01/4〉*〉〉2-5*0/9/〉〉17	加密版本：01 5100641001 35068001

货物或应税劳务名称	规格型号	单位	数量	单价	金额	税率	税额
用友软件		套	1	27 350.43	27 350.43	17%	4 649.57
合计					¥27 350.43	17%	¥4 649.57
价税合计（大写）	⊗叁万贰仟元整					（小写）　¥32 000.00	

销货单位	名　　称：绵阳胜峰科技有限公司 纳税人识别号：510602845688711 地址、电话：绵阳市长虹大道中段12号　(0816) 4784448 开户行及账号：农行绵阳市分行高新支行200201030002553	备注	

收款人：　　　复核：　　　　　　开票人：林静　　　　销货单位：（章）

第一联：抵扣联　购货方抵扣凭证

$25\dfrac{2}{4}$

5100641001

四川增值税专用发票

发票联

N o 35068001

开票日期：201×年12月15日

购货单位	名　称：四川美好果蔬饮品有限责任公司 纳税人识别号：510681749621556 地址、电话：绵阳市高新区工业开发园18号　2578899 开户行及账号：农业银行绵阳市分行高新支行 210101040005181		密码区	016542 - 4 - 275〈1 + 46 * 54 * 781301〉〈8102 * 59 * 09012 〈4〈3 * 2182 - 9〉9 * - 163〈/0 * 01/4〉*〉〉2 - 5 * 0/9/〉〉17		加密版本：01 5100641001 35068001

货物或应税劳务名称	规格型号	单位	数量	单价	金额	税率	税额
用友软件		套	1	27 350.43	27 350.43	17%	4 649.57
合计					¥27 350.43	17%	¥4 649.57
价税合计（大写）	⊗叁万贰仟元整					（小写）¥32 000.00	

销货单位	名　称：绵阳胜峰科技有限公司 纳税人识别号：510602845688711 地址、电话：绵阳市长虹大道中段12号（0816）4784448 开户行及账号：农行绵阳市分行高新支行200201030002553	备注	绵阳胜峰科技有限公司 510602845688711 发票专用章

收款人：　　　　　复核：　　　　　开票人：林静　　　　　销货单位：（章）

第二联：发票联　购货方记账凭证

$25\dfrac{3}{4}$

中国农业银行

转账支票存根（川）

$\dfrac{CB}{02}$12531170

科　目＿＿＿＿＿＿＿＿＿＿＿＿＿＿＿

对方科目＿＿＿＿＿＿＿＿＿＿＿＿＿

出票日期　201×年12月15日

收款人：绵阳胜峰科技有限公司

金额：¥32 000.00元

用途：购用友财务软件

备注：

单位主管　林方　　　会计　夏琳

$25 \frac{4}{4}$

农业银行进账单（回单）1

201×年12月15日　　　　　　　　　　　第 123 号

<table>
<tr><td rowspan="3">出票人</td><td>全称</td><td>四川美好果蔬饮品有限责任公司</td><td rowspan="3">收款人</td><td>全称</td><td colspan="9">绵阳胜峰科技有限公司</td><td rowspan="8">此联是出票人开户银行交给出票人的回单</td></tr>
<tr><td>账号</td><td>210101040005181</td><td>账号</td><td colspan="9">200201030002553</td></tr>
<tr><td>开户银行</td><td>农行绵阳市分行高新支行</td><td>开户银行</td><td colspan="9">农行绵阳市分行高新支行</td></tr>
<tr><td rowspan="2">人民币
（大写）</td><td colspan="3" rowspan="2">叁万贰仟元整</td><td>千</td><td>百</td><td>十</td><td>万</td><td>千</td><td>百</td><td>十</td><td>元</td><td>角</td><td>分</td></tr>
<tr><td></td><td></td><td>¥3</td><td>2</td><td>0</td><td>0</td><td>0</td><td>0</td><td>0</td><td>0</td></tr>
<tr><td>票据种类</td><td>支票</td><td>票据张数</td><td>1</td><td colspan="10" rowspan="3">中国农业银行绵阳市分行高新支行

201×.12.15

办讫章
（收款人开户行盖章）</td></tr>
<tr><td>票据号码</td><td colspan="3">1253117</td></tr>
<tr><td></td><td colspan="3"></td></tr>
</table>

$26 \frac{1}{2}$

固定资产捐赠交接单

捐赠单位：重庆市星海电子股份有限公司

接受单位：四川美好果蔬饮品有限责任公司

捐赠原因：地震受灾

201×－12－15

<table>
<tr><td>名称及
规格型号</td><td>数量</td><td>预计使用
年限</td><td>已使用
年限</td><td>原值</td><td>已提折旧</td><td>净值</td><td>备注</td></tr>
<tr><td>笔记本电脑</td><td>2</td><td>3</td><td></td><td>18 000</td><td></td><td></td><td></td></tr>
<tr><td colspan="8">捐赠单位签章
经办人：龙冰　　　　　　　　　　　接受捐赠单位签章
经办人：苟宵</td></tr>
</table>

$26\dfrac{2}{2}$

四川美好果蔬饮品有限责任公司
固定资产移交使用验收单
201×年12月15日

名称	规格型号	单位	数量	设备价款	预计使用年限	使用部门
笔记本电脑		台	2	18 000.00	3	采供部
合计			2	18 000.00		
备注	接受捐赠					

单位主管：　　　　　　记账：李 德　　　使用部门负责人：祝力　　　制单：周敏

$27\dfrac{1}{3}$

四川省广告业专用发票　　　　　发票代码：267483322014

发票号码：00402363

收到：四川美好果蔬饮品有限责任公司　　　　　201×年12月16日填制

摘要	金额									
	千	百	十	万	千	百	十	元	角	分
201×年12月16日至20日产品电视广告费				¥	1	2	0	0	0	0	0
合计人民币（大写）壹万贰仟元整										
备注										

转账付讫

报销凭证

收款单位：（财务公章）　　　会计：徐敏　　　收款人：杨劲松　　　经手人：周康

27 $\frac{2}{3}$

中国农业银行
转账支票存根（川）
$\frac{CB}{02}$12531180

科　　目_____

对方科目_____

出票日期　201×年12月16日

收款人：绵阳有线电视台

金额：￥12 000.00元

用途：电视广告费

备注：

单位主管　林方　　会计　夏琳

27 $\frac{3}{3}$

农业银行进账单（回单）　　　　1
201×年12月16日　　　　　　　第124号

出票人	全称	四川美好果蔬饮品有限责任公司	收款人	全称	绵阳有线电视台
	账号	210101040005181		账号	30045343
	开户银行	农行绵阳市分行高新支行		开户银行	农行金桥支行

人民币（大写）	壹万贰仟元整	千	百	十	万	千	百	十	元	角	分
				￥	1	2	0	0	0	0	0

票据种类	支票	票据张数	1	
票据号码		1253118		

中国农业银行绵阳市
分行高新支行
201×.12.16
办
讫
章
（收款人开户行盖章）

此联是出票人开户银行交给出票人的回单

$28\dfrac{1}{3}$

现金缴款单

201×－12－17

序号

客户填写部分	户名	四川美好果蔬饮品有限责任公司						收款人开户行			农行绵阳市分行高新支行										
	账户	210101040005181																			
	交款人	罗晓芸						款项来源			绵阳市昕合商贸部货款										
	币种	人民币	大写：捌万壹仟陆佰叁拾柒元玖角贰分					亿	千	百	十	万	千	百	十	元	角	分			
		外币								￥	8	1	6	3	7	9	2			
	类别	100元	50元	20元	10元	5元	2元	1元						辅币（金额）						
	张数	710	14	4	1			2												

银行填写部分

日期：
交易码：　　　　　　　　　　　　币种：　　　　　　日志号：
金额：
主管：　　　　　　　　　　　　　柜员：　　　　　　终端号：

注：本入账通知加盖银行收讫章和计算机打印相关入账信息后为有效凭证，对上述款项如有疑问，请拨打95599进行查询。

第一联　回单

$28\dfrac{2}{3}$　5100061650

四川增值税普通发票

№00803875

校验码02257011403868578672

开票日期：201×年12月17日

购货单位	名　　　称：绵阳市昕合商贸部 纳税人识别号：510239716003799 地址、电话：绵阳市游仙区仙人路2号 3275478 开户行及账号：农业银行绵阳市分行	密码区	9056＋＋＋＞47989＋1＋＜＜／2－ 11743539＊7／＋463602＋＋0 8916－7713＞4－＜＜／7574＊5 419＊5＋1317＋－67＞37＞＞／＊	加密版本：01 5100061650 00803875

货物或应税劳务名称	规格型号	单位	数量	单价	金额	税率	税额
V能维生素饮料	（1×550×20）	件	2 800	24.92	69 776.00	17%	11 861.92
合计					￥69 776.00	17%	￥11 861.92
价税合计（大写）	⊗捌万壹仟陆佰叁拾柒元玖角贰分				（小写）　￥81 637.92		

第一联：抵扣联　购货方扣税凭证

销货单位	名　　　称：四川美好果蔬饮品有限责任公司 纳税人识别号：510681749621556 地址、电话：绵阳市高新区工业开发园18号 2578899 开户行及账号：农业银行绵阳市分行 210101040005181	备注	

收款人：　　　　　复核：　　　　　开票人：林静　　　　销货单位：（章）

$28\frac{3}{3}$

四川美好果蔬饮品有限责任公司

产成品出库通知单

4021022

201×年12月11日

编号	名称	规格	单位	应发数量	实发数量	单位成本	实际成本						
							十万	千	百	十	元	角	分
1	V能维生素饮料	1×550×20	件	2 800	2 800								

第三联　记账联

会计：夏琳　　　保管：张春贵　　　制单：刘红艳

$29\frac{1}{5}$　5101100040

四川增值税专用发票

抵扣联

N o 70202565

开票日期：201×年12月23日

购货单位　名　称：四川美好果蔬饮品有限责任公司 纳税人识别号：510681749621556 地址、电话：绵阳市高新区工业开发园18号　2578899 开户行及账号：农业银行绵阳市分行高新支行 210101040005181	密码区　016542-4-275〈1+46*54*781301〉〈8102*59*09012〈4〈3*2182-9〉9*-163〈/0*01/4〉*〉〉2-5*0/9/〉〉17　　加密版本：01 5101100040 70202565

货物或应税劳务名称	规格型号	单位	数量	单价	金额	税率	税额
热灌装瓶坯		克	5 000	3.2	16 000.00	17%	2 720.00
合计					￥16 000.00	17%	￥2 720.00
价税合计（大写）　⊗壹万捌仟柒佰贰拾元整					（小写）￥18 720.00		

第一联：抵扣联　购货方扣税凭证

销货单位	名　称：四川宜宾普什集团 纳税人识别号：510818033391001 地址、电话：宜宾市顺江路18号 8223455 开户行及账号：工行顺江支行4402231009022320212	备注	四川宜宾普什集团公司 510818033391001 发票专用章

收款人：　　　复核：　　　开票人：李艳　　　销货单位：（章）

$29\frac{2}{5}$ 5101100040

四川增值税专用发票

发票联

N o 70202565

开票日期：201×年12月23日

购货单位	名　称：四川美好果蔬饮品有限责任公司 纳税人识别号：510681749621556 地址、电话：绵阳市高新区工业开发园18号　2578899 开户行及账号：农业银行绵阳市分行高新支行 210101040005181					密码区	016542-4-275〈1+46*54* 781301〉〈8102*59*09012 〈4〈3*2182-9〉9*-163〈/0 *01/4〉*〉〉2-5*0/9/〉〉17	加密版本：01 5101100040 70202565
货物或应税劳务名称	规格型号	单位	数量	单价	金额	税率	税额
热灌装瓶坯		克	5 000	3.2	16 000.00	17%	2 720.00
合计					￥16 000.00	17%	￥2 720.00
价税合计（大写）	⊗壹万捌仟柒佰贰拾元整					（小写）￥18 720.00	

销货单位	名　称：四川宜宾普什集团 纳税人识别号：510818033391001 地址、电话：宜宾市顺江路18号 8223455 开户行及账号：工行顺江支行4402231009022320212	备注	四川宜宾普什集团公司 510818033391001 发票专用章

收款人：　　　复核：　　　开票人：李艳　　　销货单位：（章）

第二联 发票联 购货方记账凭证

公路、内河货物运输业统一发票

发票联

开票日期：201× -12-18

发票代码 251000100005
发票号码 08000112

机打代码　251000100005 机打号码　08000112 机器编号　870000131214					税控码	010409467647 > 5 > 488532655 > < 1 > 02/02/88 +/25 + > < *2635 7 +9539 * 2 > 2 > 1/2 * 81026 + 73 > 4116478/37 + 1 > 8 + + 0 + 28 +3 < < 53203 + 2/2 > 2195 > * *62 */2 < 546 < 80111/ + > 2 * 65684 +/65		
收货人及 纳税人识别号	四川美好果蔬饮品有限责任公司 510681749621556				承运人及 纳税人识别号	宜宾顺华物流有限公司 530111828161223		
发货人及 纳税人识别号	四川宜宾普什集团 510818033391001				主管税务机关 及代码	宜宾市地方税务局直属征收分局征收处 25100011121		
运输项目及金额	货物名称 热罐装瓶坯	数量 0.00	运价 0.00	里程 0.00	金额 500	其他项目及金额	项目 金额	备注 宜宾顺华物流有限公司 财务专用章
运费小计	￥500.00					其他费用小计	￥0.00	
合计（大写）	⊗伍佰元整						（小写）￥500.00	

承运人盖章　　　　　开票人：高全

第一联 发票联 付款方记账凭证（手写无效）

29 $\frac{4}{5}$

公路、内河货物运输业统一发票

抵扣联

开票日期：201×-12-18

发票代码 251000100005
发票号码 08000112

机打代码 机打号码 机器编号	251000100005 08000112 870000131214	税控码	010409467647 > 5 > 488532655 > < 1 > 02/02/88 +/25 + > < *2635 7 +9539 *2 > 2 > 1/2 *81026 + 73 > 4116478/37 + 1 > 8 + + 0 + 28 + 3 < < 53203 + 2/2 > 2195 > < *62 */2 < 546 < 80111/+ > 2 * 65684 +/65		第二联 抵扣联 付款方抵扣凭证（手写无效）
收货人及 纳税人识别号	四川美好果蔬饮品有限责任公司 510681749621556	承运人及 纳税人识别号	宜宾顺华物流有限公司 530111828161223		
发货人及 纳税人识别号	四川宜宾普什集团 510818033391001	主管税务机关 及代码	宜宾市地方税务局直属征收分局征收处 25100011121		

运输项目及金额	货物名称 热罐装瓶坯	数量 0.00	运价 0.00	里程 0.00	金额 500	其他项目及金额	项目	金额	备注 宜宾顺华物流有限公司 财务专用章

运费小计	¥500.00	其他费用小计	¥0.00
合计（大写）	⊗伍佰元整		（小写）¥500.00

承运人盖章 开票人：高全

29 $\frac{5}{5}$

四川美好果蔬饮品有限责任公司
收料单

材料科目：周转材料
材料类别：包装物
供应单位：四川宜宾普什集团

发票号码：70202565　　　　201×年12月19日　　　　收料仓库：材料仓库

5812020

材料名称	规格	计量单位	数量		实际成本					第三联 记账联
			应收	实收	买价		运杂费	其他	合计	单位成本
					单价	金额				
热灌装瓶坯		克	5 000	5 000	3.20	16 000	500.00		16 500	3.3
合计				5 000		16 000	500.00		16 500	

记账：陈建国　　　　收料：王春贵　　　　制单：王强

$30\frac{1}{4}$

四川美好果蔬饮品有限责任公司
领料单

材料科目：周转材料

领料车间（部门）：基本生产车间 　　　　　　　　　　材料类别：包装物

用途：生产黄瓜爽　　　　　　　201×年12月19日　　　　　　编号：112113

工作令号	材料编号	材料名称	规格	计量单位	数量 请领	数量 实发	实际成本 单位成本	实际成本 金额
1×HCX-1		热灌装瓶坯		克	2 650	2 650		
1×HCX-1		黄瓜标签		张	1 040	1 040		
合计								
备注		生产黄瓜爽						

记账：陈建国　　　　发料：王春贵　　领料部门：生产车间　　领料人：张昕

第三联 记账联

$30\frac{2}{4}$

四川美好果蔬饮品有限责任公司
领料单

材料科目：周转材料

领料车间（部门）：基本生产车间 　　　　　　　　　　材料类别：包装物

用途：生产黄瓜爽　　　　　　　201×年12月19日　　　　　　编号：112114

工作令号	材料编号	材料名称	规格	计量单位	数量 请领	数量 实发	实际成本 单位成本	实际成本 金额
1×HCX-1		热灌装瓶坯		克	1 400	1 400		
1×HCX-1		红牛标签		张	1 180	1 180		
合计								
备注		生产V能维生素饮料						

记账：陈建国　　　　发料：王春贵　　领料部门：生产车间　　领料人：张昕

第三联 记账联

$30\dfrac{3}{4}$

四川美好果蔬饮品有限责任公司
领料单

材料科目：周转材料

领料车间（部门）：销售部 　　　　　　　　　　　　　　　　　材料类别：低值易耗品

用途：销售部门用 　　　　　　　　201×年12月19日 　　　　　　　编号：112115

工作令号	材料编号	材料名称	规格	计量单位	数量		实际成本	
					请领	实发	单位成本	金额
		洗衣粉		包	17	17		
合计					17	17		
备注		销售部门用						

记账： 陈建国 　　　　　　发料： 王春贵 　领料部门：销售部 　　领料人：李锦

第三联 记账联

$30\dfrac{4}{4}$

四川美好果蔬饮品有限责任公司
领料单

材料科目：周转材料

领料车间（部门）：生产车间 　　　　　　　　　　　　　　　　材料类别：低值易耗品

用途：生产车间一般耗用 　　　　　201×年12月19日 　　　　　　编号：112116

工作令号	材料编号	材料名称	规格	计量单位	数量		实际成本	
					请领	实发	单位成本	金额
		洗衣粉		包	16	16		
合计					16	16		
备注		生产车间一般耗用						

记账： 陈建国 　　　　　　发料： 王春贵 　领料部门：生产车间 　　领料人：陈华

第三联 记账联

$31\frac{1}{3}$

5100040040

四川增值税专用发票

No 00202104

（此联不作报销、扣税凭证使用）开票日期：201×年12月19日

购货单位	名　　称：雅安正大商城 纳税人识别号：511800910950152 地址、电话：雅安市新康路38号 0835 - 2621069 开户行及账号：招行新康支行 000420116383				密码区	272 * 12 - 4#275 〈1 + 67 * 54 * 085371〉〈8002 * 59 * 09140 〈1〈3 * 2842 - 9〉2 * + 453〈/9 * 01/3〉*〉〉6 - 2 * 0/9/〉〉88		加密版本：01 5100040040 00202104

货物或应税劳务名称	规格型号	单位	数量	单价	金额	税率	税额
黄瓜爽	(1×355×24)	件	5 000	36.75	183 750.00	17%	31 237.50
合计					￥183 750.00	17%	￥31 237.50
价税合计（大写）		⊗贰拾壹万肆仟玖佰捌拾柒元伍角整				（小写）￥214 987.50	

销货单位	名　　称：四川美好果蔬饮品有限责任公司 纳税人识别号：510681749621556 地址、电话：绵阳市高新区工业开发园18号 开户行及账号：农行绵阳市分行高新支行 210101040005181	备注

收款人：　　　　复核：　　　　开票人：张景　　　　销货单位：（章）

第三联：记账联 购货方记账凭证

$31\frac{2}{3}$

四川美好果蔬饮品有限责任公司

产成品出库通知单

4021023

201×年12月19日

编号	名称	规格	单位	应发数量	实发数量	单位成本	实际成本								
							十万	万	千	百	十	元	角	分
1	355 毫升黄瓜爽	1×355×24	件	5 000	5 000									

会计：夏琳　　　　保管：张春贵　　　　制单：刘红艳

第三联 记账联

$31\dfrac{3}{3}$

托收凭证（受理回单） 1

委托日期 201×年12月19日

<table>
<tr><td>业务类型</td><td colspan="2">委托收款 （☑邮划 □电划）</td><td colspan="2">托收承付（□邮划 □电划 ）</td></tr>
<tr><td rowspan="3">付款人</td><td>全 称</td><td>雅安正大商场</td><td rowspan="3">收款人</td><td>全 称</td><td>四川美好果蔬饮品有限责任公司</td></tr>
<tr><td>账号
或地址</td><td>000420116383</td><td>账 号</td><td>210101040005181</td></tr>
<tr><td>开户银行</td><td>招行新康支行</td><td>开户银行</td><td>农行绵阳市分行高新支行</td></tr>
</table>

托收金额 人民币（大写） ⊗贰拾壹万肆仟玖佰捌拾柒元伍角整

千	百	十	万	千	百	十	元	角	分
		2	1	4	9	8	7	5	0

款项内容	销货款	托收凭据名称	增值税发票、运单、合同副本	附寄单证	肆张
商品发运情况	已发运	合同名称		绵合字（201×）7376号	

备注：中国农业银行绵阳市分行高新支行 201×.12.19 办讫章

复核 记账

款项收妥日期 年 月 日 / 年 月 日

此联是收款人开户银行给收款人的受理回单

$32\dfrac{1}{1}$

绵阳市电信局电话费发票
全国统一发票监制章 四川 国家税务总局监制

缴费时间：201×年12月20日　　电话号码：3266785 等 第35385号

客户名称：四川田园果蔬饮品有限责任公司		缴费合同号：A5698745
市内电话费	328.60	
长途人工话费		
长途直拨话费	671.40	
电报费		
补欠		
电话费		
其他		
滞纳金		
信息台信息费		
合 计	1 000.00	

其中（左侧合并）

第二联 付款单位报销凭证

记账：璐璐　　　　复核：刘艳　　　　收款员：庞琴

提示：管理部门负担60%，生产车间负担40%。

$33\frac{1}{1}$

中国农业银行

现金支票存根（川）

$\frac{CB}{02}$11531711

科　　目 ＿＿＿＿＿＿＿＿＿＿＿＿＿＿＿＿

对方科目 ＿＿＿＿＿＿＿＿＿＿＿＿＿＿＿＿

出票日期　201×年 12 月 20 日

收款人：四川美好果蔬饮品有限责任公司

金额：¥152 440.00 元

用途：备发工资

备注：

单位主管　林方　　会计　夏琳

$34\frac{1}{1}$

四川美好果蔬饮品有限责任公司工资结算汇总表

201×年 11 月 20 日　　　　　　　　　　　　　　　　　　　　单位：元

| 车间或部门 | 职工类别 | 基本工资 | 津贴 | | 奖金 | 应付工资 | 代扣款项 | | | 实发金额 |
			职务	岗位			社会保险费	个人所得税	小计	
生产车间	生产工人（黄瓜爽）	58 000.00	3 000.00	2 300.00	2 500.00	65 800.00	4 500.00	2 700.00	7 200.00	58 600.00
	生产工人（V能维生素饮料）	45 000.00	2 000.00	3 000.00	1 800.00	51 800.00	2 800.00	1 550.00	4 350.00	47 450.00
	管理人员	10 000.00	1 800.00		1 300.00	13 100.00	1 750.00	1 750.00	3 500.00	9 600.00
管理部门	管理人员	10 000.00	2 400.00		1 200.00	13 600.00	1 260.00	1 000.00	2 260.00	11 340.00
销售机构	销售人员	20 000.00	2 000.00	1 500.00	6 000.00	29 500.00	2 850.00	1 200.00	4 050.00	25 450.00
合计		143 000.00	11 200.00	6 800.00	11 800.00	173 800.00	13 160.00	8 200.00	21 360.00	152 440.00

单位负责人：毕成刚　　　　　　复核：陆涛　　　　　　制单：文章

35 $\frac{1}{1}$

中国农业银行存款利息收入回单

日期：201×-12-21　　　　　　　　　　业务类型：利息收入

收款账号：210101040005181　　　　　　户名：四川美好果蔬饮品有限责任公司

开户行：农行绵阳市分行高新支行　　　　交易网点：农行绵阳市分行高新支行

金额（大写）：贰佰肆拾玖元伍角壹分

金额（小写）：CN￥249.51

结息账号：210101040005181

计息期间　　　　　　　　　　　　　　利率　　　　利息　　　　摘要

20060921-20061220　　　　　　　　0.36%　　　249.51　　　活期利息

经办：F18003　　　　　　　　　　　　5500000368-000060 20061221

（印章：中国农业银行绵阳市分行高新支行　201×.12.21　业务清讫）

36 $\frac{1}{2}$

中国农业银行绵阳市支行贷款利息凭证

201×-12-22

收款单位	账号	2101041112316	付款单位	账号	210101040005181
	户名	中国农业银行绵阳市分行高新支行		户名	四川美好果蔬饮品有限责任公司
	开户银行	农行绵阳市分行高新支行		开户银行	农行绵阳市分行高新支行
基数	150 000.00		利率5%	利息￥750.00元	

科目＿＿＿＿＿＿＿＿＿＿＿＿

对方科目＿＿＿＿＿＿＿＿＿＿

复核员：　　　　　记账员：

（印章：中国农业银行绵阳市分行高新支行　201×.12.22　户第转讫）

$36\dfrac{2}{2}$

农行绵阳支行借款利息通知单

编号：201×年12月份　007号

借款人：四川美好果蔬饮品有限责任公司

　　　　贵公司本月应付借款利息750.00元，请提前三天将合计金额

共计750.00元汇入我行。收款人：中国农业银行绵阳市分行高新支行

收款账号：2101041112316

　　　　我行按时于　201×年12月22日　划收。

利息	本金	起日	止日	月利率	计息天数
750.00	150 000.00	201×－11－25	201×－12－25	5‰	30

中国农业银行绵阳市支行

经办人：李 靖　　　　复核：唐 靓　　　　　　　联系电话：5537553

$37\dfrac{1}{1}$

盘存表

单位名称：四川美好果蔬饮品有限责任公司

财产类别：原材料　　　　　　　存放地点：材料仓库　　　　　盘点日期：201×年12月20日

编号	名称	计量单位	数量		单价	盘盈		盘亏		备注
			账存	实存		数量	金额	数量	金额（元）	
	白砂糖	千克	820	770				50	162.00	
合计										

监盘：夏琳　　　　　　　　　仓库主管：陈黎　　　　　　　盘点：李光军

$38\dfrac{1}{2}$

收据

201×－12－24

420513

收到：钟明德

摘要	金额									
	千	百	十	万	千	百	十	元	角	分
出差借款					¥	3	0	0	0	0
合计人民币（大写）叁佰元整										
备注										

收款单位（财务公章）　　　会计：夏琳　　　收款人：罗晓芸　　　经手人：

第三联　记账联

$38\dfrac{2}{2}$

四川美好果蔬饮品有限责任公司差旅费报销单

201×年12月24日

200478

原派出单位：采供部　　　　　　　　　　　　　　　单据张数：　12 张（略）

事由：出差　　　姓名：钟明德　　　职务：　　　　　　　预借款：3 000 元

起止日期				起止地点	车船费	办公邮电	住宿费	住勤费			途中标准	伙食补助		合计
月	日	月	日					标准	天数	金额		天数	金额	
12	17	12	22	绵阳—昆明	900.00	590.00	630.00	100.00	4	400.00		5	180.00	2 700.00
合计					900.00	590.00		100.00	4	400.00		5	180.00	2 700.00

人民币（大写）贰仟柒佰元整　　　　　应退（补）：300.00 元

派出单位领导：赵明　　财务主管：林方　　复核：夏琳　　　　出纳：罗晓芸

39 $\frac{1}{1}$

中国农业银行现金管理收费凭证

201×－12－25　　　　　　　　　　序号：edbd0004

户名	四川美好果蔬饮品有限责任公司	开户行名称	农行绵阳市分行高新支行
转入账号	210101040005181		
业务种类	普通汇兑		

收费项目	收费基数	费率	交易量	交易金额	收费金额
电子汇兑电子汇划费	按金额	0.00%	0	30 000	10
汇兑手续费	按笔	0.500 00 元/笔	1	0.00	0.50

中国农业银行绵阳市分行高新支行 201×.12.25 转讫

金额（大写）：壹拾元伍角整　　　　　　（小写）￥10.50

日期：2008 年 12 月 25 日　　日志号：　　　　交易码：

币种：

金额：10.50　　　　终端号：　　　　　主管：

柜员：王容

制票：王容　　　　　　　　　　　　复核：

第二联　客户回单

---

40 $\frac{1}{1}$

托收凭证（汇款依据或收账通知）　　4

委托日期 201×年 12 月 11 日

业务类型	委托收款　（☑邮划　□电划）		托收承付（□邮划　□电划　）	
付款人 全称	成都食品批发城	收款人 全称	四川美好果蔬饮品有限责任公司	
账号或地址	1083808710001	账号	210101040005181	
开户银行	招行小天支行	开户银行	农行绵阳市分行高新支行	

托收金额	人民币（大写）	柒万捌仟玖佰玖拾陆元零陆分		千百十万千百十元角分　￥7 8 9 9 9 6 0 6

中国农业银行绵阳市分行 201×.12.27 托收凭据 转讫

款项内容	销货款	委托收款	附寄单证	贰张
商品发运情况	已发运	合同名称	绵合字（201×）7475 号	
备注：		款项收妥日期		
复核　记账		年 月 日	年 月 日	

此联是付款人开户银行凭以汇款或收款人开户银行给收款人的收账通知

41 $\frac{1}{1}$

四川美好果蔬饮品有限责任公司

存货盘盈盘亏报告单

部门：基本生产车间　　　　　201×-12-28　　　　　财会作销账依据

编号	品名规格	单位	账面数量	实存数量	盘盈		盘亏		原因
					数量	金额	数量	金额（元）	
	白砂糖	千克	820	770			50	162.00	水灾

处理意见	保管部门	清查小组	审批部门
	保险公司应予以赔偿	同意保管部门意见	已与保险公司协商，其同意赔偿损失100.00元，其余62.00元转营业外支出。

负责人：张霞　　　　　　保管：李辉　　　　　　　　　清点人：李辉

第二联　财会

42 $\frac{1}{3}$

绵阳市税控收款机有奖专用发票

发票联

密　码

发票代码：251010703099

发票号码：03166418

税务登记号：510681749621556

日期：201×-12-29　　　　　　发票号码：3166418

　　　项目名称　　　　　　　　　　金额

　　　餐饮　　　　　　　　　　　8 700.00

小计：　　　　　　　¥8 700.00

折扣/折让：　　　　　¥0.00

大写金额：捌仟柒佰元整

企业名称：绵阳市红叶娱乐餐饮有限公司

企业地址：临江路10号

电话：2333895

机号：605986　　收款员：　　01

65377416564246534392

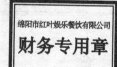

报销凭证　盖章有效

$42\frac{2}{3}$

中国农业银行
转账支票存根（川）
$\frac{CB}{02}$12531190

科　　目＿＿＿＿＿＿＿＿＿＿＿＿＿＿＿＿

对方科目＿＿＿＿＿＿＿＿＿＿＿＿＿＿＿＿

出票日期　201×年 12 月 29 日

收款人：绵阳市红叶娱乐餐饮有限公司

金额：￥8 700.00 元

用途：支付业务费

备注：

单位主管　林方　　会计　夏琳

$42\frac{3}{3}$

农业银行进账单（回单）　　1

201×年 12 月 29 日　　　　　　第 115 号

出票人	全称	四川美好果蔬饮品有限责任公司		收款人	全称	绵阳市红叶娱乐餐饮有限公司
	账号	210101040005181			账号	210104432011991
	开户银行	农行绵阳市分行高新支行			开户银行	商行绵阳市分行高新支行

人民币（大写）	捌仟柒佰元整	千	百	十	万	千	百	十	元	角	分
						￥8	7	0	0	0	0

票据种类	支票	票据张数	1
票据号码		12531190	

中国农业银行绵阳市分行高新支行
201×.12.29
办讫章
（收款人开户行盖章）

此联是出票人开户银行交给出票人的回单

074

43 $\frac{1}{5}$ 5100041140

四川增值税专用发票

抵扣联

N o 10212200

开票日期：201×年 12 月 30 日

购货单位	名　　　称：四川美好果蔬饮品有限责任公司 纳税人识别号：510681749621556 地址、电话：绵阳市高新区工业开发园 18 号　2578899 开户行及账号：农业银行绵阳市分行高新支行 210101040005181					密码区	016542－4－275〈1＋46＊54＊ 781301〉〈8102＊59＊09012 〈4〈3＊2182－9〉9＊－163〈/0 ＊01/4〉＊〉〉2－5＊0/9/〉〉17		加密版本：01 5100041140 102122200
货物或应税劳务名称	规格型号	单位	数量	单价		金额	税率	税额
电费						80 786.00	17%	13 733.62
合计						￥80 786.00	17%	￥13 733.62
价税合计（大写）	⊗玖万肆仟伍佰壹拾玖元陆角贰分						（小写）￥94 519.62	
销货单位	名　　　称：绵阳市电业局 纳税人识别号：510700733398367 地址、电话：绵阳市通锦路 32 号 2343121 开户行及账号：市商业银行临江支行 07020014020059				备注				

第一联：抵扣联　购货方扣税凭证

收款人：　　　　复核：　　　　　　开票人：林静　　　销货单位：（章）

43 $\frac{2}{5}$ 5100041140

四川增值税专用发票

发票联

N o 10212200

开票日期：201×年 12 月 30 日

购货单位	名　　　称：四川美好果蔬饮品有限责任公司 纳税人识别号：510681749621556 地址、电话：绵阳市高新区工业开发园 18 号　2578899 开户行及账号：农业银行绵阳市分行高新支行 210101040005181					密码区	016542－4－275〈1＋46＊54＊ 781301〉〈8102＊59＊09012 〈4〈3＊2182－9〉9＊－163〈/0 ＊01/4〉＊〉〉2－5＊0/9/〉〉17		加密版本：01 5100041140 102122200
货物或应税劳务名称	规格型号	单位	数量	单价		金额	税率	税额
电费						80 786.00	17%	13 733.62
合计						￥80 786.00	17%	￥13 733.62
价税合计（大写）	⊗玖万肆仟伍佰壹拾玖元陆角贰分						（小写）￥94 519.62	
销货单位	名　　　称：绵阳市电业局 纳税人识别号：510700733398367 地址、电话：绵阳市通锦路 32 号 2343121 开户行及账号：市商业银行临江支行 07020014020059				备注				

第二联：发票联　购货方记账凭证

收款人：　　　　复核：　　　　　　开票人：林静　　　销货单位：（章）

$43\dfrac{3}{5}$

中国农业银行

转账支票存根（川）

$\dfrac{CB}{02}$12531200

科　　目＿＿＿＿＿＿＿＿＿＿＿

对方科目＿＿＿＿＿＿＿＿＿＿＿

出票日期　201×年 12 月 30 日

收款人：绵阳市电业局

金额：¥94 519.62 元

用途：付电费

备注：

单位主管 林方　　　会计 夏琳

$43\dfrac{4}{5}$

农业银行进账单（回单）　　1

201×年12月30日　　　　　　第 126 号

出票人	全称	四川美好果蔬饮品有限责任公司	收款人	全称	绵阳市电业局
	账号	210101040005181		账号	07020140200000231
	开户银行	农行绵阳市分行高新支行		开户银行	市商业银行临江支行

人民币（大写）	⊗玖万肆仟伍佰壹拾玖元陆角贰分	千	百	十	万	千	百	十	元	角	分
				¥	9	4	5	1	9	6	2

票据种类	支票	票据张数	1	中国农业银行绵阳市分行高新支行 201×.12.30 办讫章 （收款人开户行盖章）
票据号码	12531200			

此联是出票人开户银行交给出票人的回单

43 $\frac{5}{5}$

四川美好果蔬饮品有限责任公司外购电费分配表

201× - 12 - 30

应借科目		项目	耗用量（度）	单价（元）	金额（元）
生产成本	基本生产成本	黄瓜爽	93 709	0.4	37 483.6
		V能维生素饮料	54 304	0.4	21 721.6
		小计	148 013	0.4	59 205.2
	制造费用		12 987	0.4	5 194.8
	管理费用		33 567	0.4	13 426.8
	销售费用		7 398	0.4	2 959.2
	合计		201 965	0.4	80 786.00

审核：陆涛　　　　记账：林方　　　　制单：夏琳

44 $\frac{1}{1}$

四川美好果蔬饮品有限责任公司发料凭证汇总表

201×年12月30日　　　　　　　　单位：元

领用部门及用途 / 材料类别	原材料					低值易耗品	包装物		
	白砂糖	黄瓜浓缩汁	红牛香精	一水柠檬酸	稳定剂	洗衣粉	热灌装瓶坯	黄瓜标签	红牛标签
基本生产车间 黄瓜爽	550.80	1 235.00			615.36		8 745.00	31.20	
V能维生素饮料	324.00		19 612.30	581.40	410.24		4 620.00		35.40
车间一般消耗	259.20					875.20			
销售部门		123.50				929.90			
合计	1 134.00	1 358.50	19 612.30	581.40	1 025.60	1 805.10	13 365.00	31.20	35.40

会计主管：陆涛　　　　记账：林方　　　　制单：夏琳

45 $\frac{1}{1}$

四川美好果蔬饮品有限公司折旧计算表

201×年12月30日

使用单位	月初应计提固定资产原值（元）	月折旧率（%）	月折旧额（元）
基本生产车间	1 584 561.00	0.005 0	7 922.81
管理部门	193 400.00	0.005 0	967.00
专设销售部门	85 000.00	0.005 0	425.00
合计			9 314.81

审核：陆涛　　　　记账：林方　　　　制单：夏琳

46 $\frac{1}{1}$

四川美好果蔬饮品有限责任公司
应交城市维护建设税、应交教育费附加
应交地方教育费附加计算表
201×年12月30日   单位：元

项目	计算基数	比例（%）	金额
应交城市维护建设税	39 245.49	7.00	2 747.18
应交教育费附加	39 245.49	3.00	1 177.36
应交地方教育费附加	39 245.49	2.00	784.91

审核：陆涛   记账：林方   制单：夏琳

47 $\frac{1}{1}$

四川美好果蔬饮品有限责任公司
工资分配表
201×年12月   单位：元

项目 / 应借科目		应贷科目：应付职工薪酬					社会保险费	
		生产车间	生产车间	行政部门	销售部门	合计	提取比例	提取金额
生产成本	基本生产成本 黄瓜爽	65 800				65 800		16 450
	V能维生素饮料	51 800				51 800		12 950
	小计	117 600				117 600		29 400
制造费用			13 100			13 100	25%	3 275
管理费用				13 600		13 600		3 400
销售费用					29 500	29 500		7 375
合计		117 600	13 100	13 600	29 500	173 800		43 450

审核：陆涛   记账：林方   制单：夏琳

48 $\frac{1}{1}$

四川美好果蔬饮品有限责任公司

计提工会经费、职工教育经费计算表

201×年12月

单位：元

应借科目		项目	工会经费		职工教育经费	
			提取比例	提取金额	提取比例	提取金额
生产成本	基本生产成本	黄瓜爽	2%	1 316	1.50%	987
		V能维生素饮料		1 036		777
		小计		2 352		1 764
	制造费用			262		196.5
	管理费用			272		204
	销售费用			590		442.5
合计				3 476		2 607

审核：陆涛　　　　　　　记账：林方　　　　　　　制单：夏琳

49 $\frac{1}{1}$

四川美好果蔬饮品有限责任公司

制造费用分配表

201×年12月31日

单位：元

分配对象　　项目	生产工人工资	分配率	应分配费用
黄瓜爽	65 800		17 614.66
V能维生素饮料	51 800		13 870.85
合计		0.267 7	31 485.51

审核：陆涛　　　　　　　记账：林方　　　　　　　制单：夏琳

50 $\frac{1}{2}$

四川美好果蔬饮品有限责任公司

产品生产成本计算单

产品名称：黄瓜爽　　　　　201×年12月　　　　　完工产品数量：7 000件

单位：元

成本项目	月初在产品成本	本月生产成本	生产成本合计	完工产品成本	
				总成本	单位成本
直接材料	5 300.00	48 660.96	53 960.96	53 960.96	7.71
直接人工	2 200.00	84 553.00	86 753.00	86 753.00	12.39
制造费用	1 440.00	17 614.66	19 054.66	19 054.66	2.72
合计	8 940.00	150 828.62	159 768.62	159 768.62	22.82

审核：陆涛　　　　　　　记账：林芳　　　　　　　制表：夏琳

$50\dfrac{2}{2}$

四川美好果蔬饮品有限责任公司

产品生产成本计算单

产品名称：V 能维生素饮料　　　　　201×年12月　　　　　完工产品数量：7 000 件

单位：元

成本项目	月初在产品成本	本月生产成本	生产成本合计	完工产品成本	
				总成本	单位成本
直接材料	3 800.00	47 304.94	51 104.94	51 104.94	7.30
直接人工	2 800.00	66 563.00	69 363.00	69 363.00	9.91
制造费用	1 550.00	13 870.85	15 420.85	15 420.85	2.20
合计	8 150.00	127 738.79	135 888.79	135 888.79	19.41

审核：陆涛　　　　　　　记账：林方　　　　　　　制表：夏琳

$51\dfrac{1}{1}$

四川美好果蔬饮品有限责任公司

已销产品成本计算单

201×年12月　　　　　　　　　　　单位：元

产品名称	月初结存			本月入库			本月销售			月末结存		
	数量	单位成本	金额	数量	单位成本	金额	数量	单位成本	金额	数量	单位成本	金额
黄瓜爽	300	25.78	7 734	7 000	22.82	159 768.82	6 800		156 030.02	500	22.95	11 472.80
V能维生素饮料	400	19.36	7 744	7 000	19.41	135 888.79	4 000		77 639.35	3 400	19.41	65 993.44

审核：陆涛　　　　　　　记账：林方　　　　　　　制表：夏琳

$52\dfrac{1}{1}$

四川美好果蔬饮品有限责任公司

损益类账户发生额表

单位：元

账户名称	借方发生额	贷方发生额
主营业务收入		350 444.00
营业外收入		18 000.00
主营业务成本	233 669.37	
营业税金及附加	4 709.46	
管理费用	38 759.80	
销售费用	63 045.10	
财务费用		239.01
营业外支出	62.00	
合计	340 245.73	368 683.01

财务主管：陆涛　　　　　　　审核：林方　　　　　　　制单：夏琳

53 $\frac{1}{1}$

四川美好果蔬饮品有限责任公司
应交所得税计算表

201×年12月31日   单位：元

项目	金额
1~11 月利润	269 000.00
12 月利润	28 437.28
全年利润总额	297 437.28
纳税调整额	
全年应纳税所得额	297 437.28
所得税税率	25%
全年应纳所得税税额	74 359.32
全年已交所得税	67 250.00
未交所得税	7 109.32

财务主管：陆涛   审核：陆涛   制单：夏琳

54 $\frac{1}{2}$

四川美好果蔬饮品有限责任公司股东会决议书

一、会议日期：201×年12月31日
二、会议地点：四川美好果蔬饮品有限公司会议室
三、出席人员：公司全体董事
四、会议主持：董事长
五、会议决议事项：

经董事会全体董事一致通过，作出如下决定：

鉴于公司201×年税后可分配利润为223 077.96 元，其中提取法定盈余公积金人民币为22 307.80 元（税后利润的10%的比例提取）。

现决定将其中的人民币89 231.18 元分配给投资者。分配后尚余可分配利润人民币为111 538.98 元，暂不分配。

一致同意上述决议事项。

特此决议！

全体董事签名：xxx   xxx   xxx
日期：201×年12月31日

$54\dfrac{2}{2}$

四川美好果蔬饮品有限责任公司

利润分配计算表

201×年 12 月 31 日　　　　　　　　　　　　　　　单位：元

项目	基数	比例	金额（元）
提取法定盈余公积	223 077.96	10%	22 307.80
应付投资者股利	223 077.96	40%	89 231.18
其中：绵阳市国有资产经营公司		60%	53 538.71
绵阳市兴达股份有限公司		40%	35 692.47
合计			111 538.98

财务主管：陆涛　　　　　　审核：陆涛　　　　　　　制单：夏琳

三、会计基础课程实训指导

本模拟实训公司为制造业企业，与从事商品购销的流通企业不同，制造业企业的主要经济活动十分全面，学习制造业企业的经济活动特点和会计核算方法，对于全面理解和掌握会计学基础的基本原理和基本技能十分有益。按资金运动过程可以将制造业企业的主要经济业务划分为以下几部分实训：

（一）筹资业务部分实训

筹集资金是企业生产经营的首要环节。筹资业务主要包括投资者投入资本和向银行等金融机构借入资金，两者是企业从外部取得资金两个主要渠道。

1. 关于投资者投入资本

（1）投入方式

投资者对企业的投资，可以是货币，也可以是看得见摸得着的实物，如原材料或汽车、机器设备、厂房等固定资产，也可以是无形资产，如土地使用权、专利技术等。

（2）会计核算要点

筹资业务的核算一方面要反映相关资产的增加，另一方面要反映所有者权益的增加。要分析应涉及的相关账户，明确资产增加记借方，所有者权益增加记贷方。

2. 借入资金的核算

企业为了开展经营活动，仅凭投资者投入的资金往往是不够的，为了解决资金不足的问题，还会向银行或者其他金融机构借入资金。因此，借入资金也是企业筹集资金的一个重要手段。但借入资金与投入资金有着本质上的不同：借的钱必须要偿还，还要支付利息，在没偿还之前就形成了企业的一项负债。

（1）借入方式

按照银行给我们设定的信用期限长短分为短期借款和长期借款，短期借款是企业借入的期限在1年（含1年）以下的各种借款，长期借款核算企业向银行或其他金融机构借入的期限在1年以上（不含1年）的各项借款。

（2）会计核算要点

借入资金的核算一方面反映资产的增加，另一方面反映负债的增加。借入资金的核算要分析应涉及的相关账户，明确资产增加记借方，负债增加记贷方。

本实训所涉及的筹资业务有：业务2、业务10、业务25、业务36。

（二）供应过程业务部分实训

供应过程是生产的准备阶段，是指企业的货币资金转变为生产储备资金的过程。俗话说"巧妇难为无米之炊"，没有供应过程，企业的生产到销售过程就无从谈起。在供应过程中，企业一方面要根据供应计划和合同的规定，及时采购材料物资并验收入库，才能保证生产的需要；同时，也要与供应单位进行货款的结算。由于货款的结算方式存在不同，因而会计处理也有差异。

1. 支付货款与验收材料同时完成的情况（钱货两清）

会计核算要点：这种钱货两清业务的核算反映了企业资产内部的一增一减，一方面原材料等资产类账户的价值增加，另一方面企业货币资金的数额则减少，要分析应涉及的相关账户，明确资产增加记借方、减少记贷方。

2. 先支付货款后验收材料的情况

（1）对方的销货发票等单证先到，据以支付货款而材料物资后到。

会计核算要点：这类业务的核算也反映了企业资产内部的一增一减，由于材料物资后到而产生了在途物资。一方面在途物资等资产类账户的价值增加，另一方面企业货币资金的数额则减少，要分析应涉及的相关账户，明确资产增加记借方、减少记贷方。

（2）预付货款采购材料物资

在对方交付货物和发票之前就预付货款，对方收到款项后再按合同规定的时间交付货物和发票。

会计核算要点：这类业务的核算同样反映了企业资产内部的一增一减，一方面预付账款等资产类账户的价值增加，另一方面企业货币资金的数额则减少，要分析应涉及的相关账户，明确资产增加记借方、减少记贷方。

3. 先验收材料后支付货款的情况

会计核算要点：一方面原材料等资产类账户的价值增加，另一方面企业产生了负债（应付账款或应付票据），要分析应涉及的相关账户，明确资产增加记借方、负债增加记贷方。

本实训所涉及供应过程业务有：业务3、业务6、业务16、业务19、业务23。

（三）生产过程业务部分实训

生产过程是指工业企业从材料投入生产开始到产成品完工验收入库止的产品生产

过程。

1. 发生材料费用

将消耗的材料按照不同用途进行归类和记录（"谁受益，谁承担"）。

（1）生产产品直接耗用的，直接计入各种产品的成本。

（2）生产车间一般消耗性领用的，记入"制造费用"账户

（3）企业管理部门领用的，记入"管理费用"账户。

（4）销售部门领用的，记入"销售费用"账户。

会计核算要点：一方面成本费用的金额增加，另一方面由于原材料的领用而导致资产减少，要分析应涉及的相关账户，明确成本费用类账户增加记借方、原材料等资产类账户减少记贷方。

2. 发生人工费用

（1）向职工发放工资

会计核算要点：一方面企业应付职工薪酬的金额减少，另一方面由于工资的发放而导致货币资金的减少，要分析应涉及的相关账户，明确负债类账户减少记借方、货币资金减少记贷方。

（2）将工资分配计入成本、费用

①生产工人的工资，直接计入产品成本。

②生产车间管理人员的工资，记入"制造费用"账户。

③企业行政管理部门人员的工资，记入"管理费用"账户。

④销售部门人员的工资，记入"销售费用"账户。

会计核算要点：一方面成本费用的金额增加，另一方面企业应付职工薪酬的金额也增加，要分析应涉及的相关账户，明确成本费用类账户增加记借方、负债类账户减少记贷方。

3. 固定资产折旧

（1）生产用固定资产的折旧费记入"制造费用"账户。

（2）管理用固定资产的折旧费记入"管理费用"账户。

（3）销售机构专用固定资产的折旧费记入"销售费用"账户。

会计核算要点：计提固定资产折旧，一方面是折旧费用的增加，记入费用类账户的借方；另一方面表现为固定资产价值的减少，记入其备抵账户"累计折旧"的贷方，要分析应涉及的相关账户，明确费用类账户增加记借方，累计折旧增加记贷方（与资产类账户结构正好相反，类似于负债类账户）。

4. 其他制造费用发生

其他制造费用发生，如支付水电费、发生其他办公费，同样根据"谁受益，谁承担"进行分配。

会计核算要点：一方面成本费用的金额增加，另一方面货币资金的金额减少，要分析应涉及的相关账户，明确成本费用类账户增加记借方、资产类账户减少记贷方。

5. 月末制造费用分配的核算

会计核算要点：平时发生的各项制造费用通过"制造费用"账户借方汇集以后，月末

时分配计入各种生产产品成本。一方面各种生产产品成本增加，另一方面制造费用减少，明确成本类账户增加记借方、减少记贷方。

6. 完工产品成本的结转

会计核算要点：本月完工产品成本应从"生产成本"账户结转到"库存商品"账户。一方面库存商品的金额增加，另一方面生产成本的金额减少，明确资产类账户增加记借方，成本费用类账户减少记贷方。

本实训所涉及的生产过程业务有：业务43、业务44、业务47、业务49、业务50。

（四）销售过程业务部分实训

销售过程是工业企业生产经营过程的最后阶段。销售过程指企业从成品仓库发出商品开始，到收回销货款为止的过程。

1. 确认商品销售收入及收回销货款

（1）收到货款

会计核算要点：这类经济业务一方面由于销货款的收回导致了企业的货币资金增加，另一方面由于产品的出售，使得企业的主营业务收入增加，要分析应涉及的相关账户，明确资产类账户增加记借方，损益类收入账户增加记贷方。

（2）没有收到货款

会计核算要点：一方面款项没有收到，就形成了我们这个企业的债权，"应收账款"金额增加，另一方面由于产品的出售，使得企业的主营业务收入增加。要分析应涉及的相关账户，明确资产类账户增加记借方、损益类收入账户增加记贷方。

（3）预先收款的情况

会计核算要点：购货方预先支付企业货款，一方面使企业的货币资金增加，另一方面收到对方的预付货款时，货并未发出，形成了对购货单位的一项负债，将在以后的某一日期发出产品对这项负债进行清偿，属于负债类账户的增加。预先收款的核算要分析应涉及的相关账户，明确资产类账户增加记借方、负债类账户增加记贷方。

2. 计算和结转产品销售成本

会计核算要点：产品销售成本是由库存商品成本转化而来的。结转产品销售成本，就是将已经销售产品的成本从"库存商品"账户转入"主营业务成本"账户，明确资产类账户增加记借方、成本类账户减少记贷方。

3. 支付销售费用

销售费用指企业为销售产品而发生的费用，主要包括本单位负担的产品运杂费、广告费、展销展览费、专设销售机构经费等。

会计核算要点：一方面使企业的销售费用增加，另一方面由于费用的支付而导致货币资金的减少。支付销售费用的核算要分析应涉及的相关账户，明确费用类账户增加记借方、资产类账户减少记贷方。

4. 销售税金及附加费用

企业实现了销售就必须向国家依法缴纳税金及附加费用。在会计学基础中制造业企业的销售税金主要是城市维护建设税，附加费用主要是教育费附加。

会计核算要点：企业因缴纳销售税金及附加费形成了一项费用，一方面费用增加，另一方面应缴而未缴的税费款项也增加了，形成了企业负债。销售税金及附加费用的核算要分析应涉及的相关账户，明确费用类账户增加记借方，资产类账户减少记贷方。

本实训所涉及的销售过程业务有：业务 8、业务 9、业务 18、业务 31、业务 51。

（五）财务成果的形成与分配部分实训

经过供应、生产、销售三个环节，企业已完成了一个生产经营过程，而这个经营过程的结果究竟如何，是盈利还是亏损，这是企业投资者最关心的问题。

1. 利润形成

会计核算要点：期末将构成利润总额的各损益账户结转前的余额分别结转到"本年利润"账户，以集中反映本年的经营成果。该账户贷方登记期末转入的各项损益类收入账户的数额。如："主营业务收入"、"其他业务收入"、"营业外收入"等账户转入的利润增加项目的金额；借方登记期末转入的各项损益类费用账户的数额。如"主营业务成本"、"其他业务成本"、"营业税金及附加"、"管理费用"、"财务费用"、"销售费用"、"营业外支出"、"所得税费用"等账户转入的利润减少项目的金额。

2. 利润分配

利润分配是指企业将实现的净利润按照规定的程序和办法（在有关方面）所进行的分配。利润分配的内容包括：企业按规定提取盈余公积留存企业和向投资者分配等。

（1）提取盈余公积

会计核算要点：一方面使当年实现的利润进行了分配，应记入"利润分配"账户的借方，另一方面使利润转化为盈余公积，应记入"盈余公积"账户的贷方。

（2）向投资者分配利润

会计核算要点：这项业务一方面使利润已经进行分配，应记入"利润分配"账户借方；另一方面分配给投资者的利润只是计算出来，还没有支付，形成一项负债，应记入"应付股利"账户贷方。

（3）年终结转相关账户

会计核算要点：在年末利润分配结束后，需要对本年利润和利润分配有关明细账进行结账，结转后，除"利润分配——未分配利润"账户外，本年利润、利润分配有关明细账期末无余额。

本实训所涉及的财务成果的形成与分配业务有：业务 52、业务 53、业务 54。

（六）内部资金调配部分实训

企业内部因为生产管理的需要，经常会对内部资金的分布作出调整，本次实训中涉及了较为简单的提现、取现业务。

会计核算要点：货币资金中"库存现金"和"银行存款"账户的互相转化，属于资产内部项目的一增一减。

本实训所涉及的内部资金调配业务有：业务 1。

（七）其他费用部分实训

1. 因公借款（职工预借差旅费等）

会计核算要点：一方面职工预先借支差旅费，此时费用并未实际发生，因而不能作为费用处理。这笔款项借出以后是要收回的（收回相关的票据或收回现金冲账），而这项应收回的款项不是企业的交易而产生的，应记入"其他应收款"；另一方面企业借出款项，导致库存现金减少。因公借款的核算要分析应涉及的相关账户，明确资产类账户增加记借方，减少记贷方。

2. 报销费用

（1）差旅费报销

会计核算要点：一方面报销差旅费增加了相关费用，另一方面由于费用报销，原借出的款项被抵减。差旅费报销的核算要分析应涉及的相关账户，明确费用类账户增加记借方，资产类账户减少记贷方。

（2）支付业务招待费、办公费等

凭正式专用发票，经相关领导签批后予以报销。

会计核算要点：一方面报销业务招待费、办公费等增加了相关费用，另一方面由于费用报销，企业的货币资金减少。支付业务招待费、办公费的核算要分析应涉及的相关账户，明确费用类账户增加记借方，资产类账户减少记贷方。

本实训所涉及的其他费用部分实训业务有：业务13、业务20、业务27、业务32、业务38、业务42。

四、科目汇总表

（一）科目汇总表（汇字第1号）（表3-6）

表3-6

科目汇总表

年　月　日

汇字第1号

科目名称	本期发生额		记账凭证起讫号码
	借方	贷方	
库存现金			
银行存款			
应收票据			
应收账款			
预付账款			
其他应收款			
在途物资			
原材料			
周转材料			
固定资产			
无形资产			
短期投资			
应付账款			
应交税费			
应付职工薪酬			
主营业务收入			
营业外收入			
管理费用			
实收资本			
合计			

财务主管：　　　　　　　审核：　　　　　　　制单：

（二）科目汇总表（汇字第2号）（表3-7）

表3-7

科目汇总表

年　月　日

汇字第2号

科目名称	本期发生额		记账凭证起讫号码
	借方	贷方	
库存现金			
银行存款			
应收账款			
预付账款			
其他应收款			
原材料			
周转材料			
库存商品			
累计折旧			
待处理财产损溢			
应付职工薪酬			
应交税费			
其他应付款			
应付利息			
应付股利			
盈余公积			
本年利润			
利润分配			
生产成本			
制造费用			
主营业务收入			
主营业务成本			
营业税金及附加			
销售费用			
管理费用			
财务费用			
营业外支出			
所得税费用			
合计			

财务主管：　　　　　　　　复核：　　　　　　　　　　制单：

五、试算平衡表

（一）总分类账户试算平衡表（表 3 - 8）

表 3 - 8   总分类账户试算平衡表

年 　月 　日

科目名称	期初余额		本期发生额		期末余额	
	借方	贷方	借方	贷方	借方	贷方
库存现金						
银行存款						
应收票据						
应收账款						
预付账款						
其他应收款						
在途物资						
原材料						
周转材料						
库存商品						
固定资产						
累计折旧						
无形资产						
待处理财产损溢						
短期借款						
应付账款						
其他应付款						
应付职工薪酬						
应交税费						
应付股利						
实收资本						
资本公积						
盈余公积						
本年利润						

表3-8(续)

科目名称	期初余额		本期发生额		期末余额	
	借方	贷方	借方	贷方	借方	贷方
利润分配						
生产成本						
制造费用						
主营业务收入						
营业外收入						
主营业务成本						
营业税金及附加						
销售费用						
管理费用						
财务费用						
营业外支出						
所得税费用						
合计						

财务主管：　　　　　　　　复核：　　　　　　　　制单：

（二）"原材料"总账与所属明细账发生额及余额试算平衡表（表3-9）

表3-9　　　　　"原材料"总账与所属明细账发生额及余额试算平衡表

年　月

明细分类账户	期初余额		本期发生额		期末余额	
	借方	贷方	借方	贷方	借方	贷方
合计						

财务主管：　　　　　　　　复核：　　　　　　　　制单：

（三）"应收账款"总账与所属明细账发生额及余额试算平衡表（表3-10）

表3-10 　　　　　"应收账款"总账与所属明细账发生额及余额试算平衡表

年　月

明细分类账户	期初余额		本期发生额		期末余额	
	借方	贷方	借方	贷方	借方	贷方
合计						

财务主管：　　　　　　　　　复核：　　　　　　　　　制单：

（四）"生产成本"总账与所属明细账发生额及余额试算平衡表（表3-11）

表3-11 　　　　　"生产成本"总账与所属明细账发生额及余额试算平衡表

年　月

明细分类账户	期初余额		本期发生额		期末余额	
	借方	贷方	借方	贷方	借方	贷方
合计						

财务主管：　　　　　　　　　复核：　　　　　　　　　制单：

（五）"**库存商品**"总账与所属明细账发生额及余额试算平衡表（表3-12）

表3-12　　　　"**库存商品**"总账与所属明细账发生额及余额试算平衡表

年　月

明细分类账户	期初余额		本期发生额		期末余额	
	借方	贷方	借方	贷方	借方	贷方
合计						

财务主管：　　　　　　　复核：　　　　　　　制单：

六、总分类账

总账

会计科目_____ 　　　　　　　　　　　　　　　　　　　总第 1 页

年		凭证		摘要	借方	√	贷方	√	借或贷	余额	核对
月	日	种类	号数								

总账

总第 2 页

会计科目＿＿＿＿＿＿

年		凭证		摘要	借方	√	贷方	√	借或贷	余额	核对
月	日	种类	号数								

总账

总第 3 页

会计科目＿＿＿＿＿＿

年		凭证		摘要	借方	√	贷方	√	借或贷	余额	核对
月	日	种类	号数								

总账

总第 4 页

会计科目＿＿＿＿＿＿

年		凭证		摘要	借方	√	贷方	√	借或贷	余额	核对
月	日	种类	号数								

总账

会计科目_____

年		凭证		摘要	借方	√	贷方	√	借或贷	余额	核对
月	日	种类	号数								

总账

会计科目_____

年		凭证		摘要	借方	√	贷方	√	借或贷	余额	核对
月	日	种类	号数								

总账

会计科目_____

年		凭证		摘要	借方	√	贷方	√	借或贷	余额	核对
月	日	种类	号数								

总账

会计科目_____   总第 8 页

年		凭证		摘要	借方	√	贷方	√	借或贷	余额	核对
月	日	种类	号数								

总账

会计科目_____   总第 9 页

年		凭证		摘要	借方	√	贷方	√	借或贷	余额	核对
月	日	种类	号数								

总账

会计科目_____   总第 10 页

年		凭证		摘要	借方	√	贷方	√	借或贷	余额	核对
月	日	种类	号数								

总账

会计科目_____

年		凭证		摘要	借方	✓	贷方	✓	借或贷	余额	核对
月	日	种类	号数								

总账

会计科目_____

年		凭证		摘要	借方	✓	贷方	✓	借或贷	余额	核对
月	日	种类	号数								

总账

会计科目_____

年		凭证		摘要	借方	✓	贷方	✓	借或贷	余额	核对
月	日	种类	号数								

总账

会计科目_____

年		凭证		摘要	借方	✓	贷方	✓	借或贷	余额	核对
月	日	种类	号数								

总账

会计科目_____

年		凭证		摘要	借方	✓	贷方	✓	借或贷	余额	核对
月	日	种类	号数								

总账

会计科目_____

年		凭证		摘要	借方	✓	贷方	✓	借或贷	余额	核对
月	日	种类	号数								

总账

会计科目_____

年		凭证		摘要	借方	√	贷方	√	借或贷	余额	核对
月	日	种类	号数								

总账

会计科目_____

年		凭证		摘要	借方	√	贷方	√	借或贷	余额	核对
月	日	种类	号数								

总账

会计科目_____

年		凭证		摘要	借方	√	贷方	√	借或贷	余额	核对
月	日	种类	号数								

总账

会计科目＿＿＿＿＿   总第 20 页

年		凭证		摘要	借方	✓	贷方	✓	借或贷	余额	核对
月	日	种类	号数								

总账

会计科目＿＿＿＿＿   总第 21 页

年		凭证		摘要	借方	✓	贷方	✓	借或贷	余额	核对
月	日	种类	号数								

总账

会计科目＿＿＿＿＿   总第 22 页

年		凭证		摘要	借方	✓	贷方	✓	借或贷	余额	核对
月	日	种类	号数								

总账

会计科目＿＿＿＿＿＿＿

总第 23 页

年		凭证		摘要	借方	✓	贷方	✓	借或贷	余额	核对
月	日	种类	号数								

总账

会计科目＿＿＿＿＿＿＿

总第 24 页

年		凭证		摘要	借方	✓	贷方	✓	借或贷	余额	核对
月	日	种类	号数								

总账

会计科目＿＿＿＿＿＿＿

总第 25 页

年		凭证		摘要	借方	✓	贷方	✓	借或贷	余额	核对
月	日	种类	号数								

总账

总第 26 页

会计科目_____

年		凭证		摘要	借方	✓	贷方	✓	借或贷	余额	核对
月	日	种类	号数								

总账

总第 27 页

会计科目_____

年		凭证		摘要	借方	✓	贷方	✓	借或贷	余额	核对
月	日	种类	号数								

总账

总第 28 页

会计科目_____

年		凭证		摘要	借方	✓	贷方	✓	借或贷	余额	核对
月	日	种类	号数								

总账

会计科目_____

年		凭证		摘要	借方	√	贷方	√	借或贷	余额	核对
月	日	种类	号数								

总账

会计科目_____

年		凭证		摘要	借方	√	贷方	√	借或贷	余额	核对
月	日	种类	号数								

总账

会计科目_____

年		凭证		摘要	借方	√	贷方	√	借或贷	余额	核对
月	日	种类	号数								

总账

会计科目_____

年		凭证		摘要	借方	✓	贷方	✓	借或贷	余额	核对
月	日	种类	号数								

总账

会计科目_____

年		凭证		摘要	借方	✓	贷方	✓	借或贷	余额	核对
月	日	种类	号数								

总账

会计科目_____

年		凭证		摘要	借方	✓	贷方	✓	借或贷	余额	核对
月	日	种类	号数								

总账

会计科目_____

总第 35 页

年		凭证		摘要	借方	√	贷方	√	借或贷	余额	核对
月	日	种类	号数								

总账

会计科目_____

总第 36 页

年		凭证		摘要	借方	√	贷方	√	借或贷	余额	核对
月	日	种类	号数								

总账

会计科目_____

总第 37 页

年		凭证		摘要	借方	√	贷方	√	借或贷	余额	核对
月	日	种类	号数								

总账

会计科目_____

年		凭证		摘要	借方	√	贷方	√	借或贷	余额	核对
月	日	种类	号数								

总账

会计科目_____

年		凭证		摘要	借方	√	贷方	√	借或贷	余额	核对
月	日	种类	号数								

总账

会计科目_____

年		凭证		摘要	借方	√	贷方	√	借或贷	余额	核对
月	日	种类	号数								

总账

会计科目_____ 总第 41 页

年		凭证		摘要	借方	✓	贷方	✓	借或贷	余额	核对
月	日	种类	号数								

总账

会计科目_____ 总第 42 页

年		凭证		摘要	借方	✓	贷方	✓	借或贷	余额	核对
月	日	种类	号数								

总账

会计科目_____ 总第 43 页

年		凭证		摘要	借方	✓	贷方	✓	借或贷	余额	核对
月	日	种类	号数								

总账

总第 44 页

会计科目_____

年		凭证		摘要	借方	√	贷方	√	借或贷	余额	核对
月	日	种类	号数								

总账

总第 45 页

会计科目_____

年		凭证		摘要	借方	√	贷方	√	借或贷	余额	核对
月	日	种类	号数								

总账

总第 46 页

会计科目_____

年		凭证		摘要	借方	√	贷方	√	借或贷	余额	核对
月	日	种类	号数								

总账

会计科目_____   总第 47 页

年		凭证		摘要	借方	√	贷方	√	借或贷	余额	核对
月	日	种类	号数								

总账

会计科目_____   总第 48 页

年		凭证		摘要	借方	√	贷方	√	借或贷	余额	核对
月	日	种类	号数								

总账

会计科目_____   总第 49 页

年		凭证		摘要	借方	√	贷方	√	借或贷	余额	核对
月	日	种类	号数								

总账

会计科目_____   总第 50 页

年		凭证		摘要	借方	√	贷方	√	借或贷	余额	核对
月	日	种类	号数								

七、日记账

库存现金日记账

201×年度   第 1 页

1×年		凭证		摘要	对方科目	总页	借方	√	贷方	√	余额	核对
月	日	种类	号数									

银行存款日记账

201×年度　　　　　　　　　　　　　　　　　　　　第 1 页

1×年		凭证		摘要	对方科目	总页	借方	✓	贷方	✓	余额	核对
月	日	种类	号数									

银行存款日记账

201×年度　　　　　　　　　　　　　　　　　　　　第 2 页

1×年		凭证		摘要	对方科目	总页	借方	✓	贷方	✓	余额	核对
月	日	种类	号数									

八、明细分类账

应收账款明细账

201×年度   第1页

年		凭证		摘要	借方	√	贷方	√	借或贷	余额	核对
月	日	种类	号数								

应收账款明细账

201×年度   第2页

年		凭证		摘要	借方	√	贷方	√	借或贷	余额	核对
月	日	种类	号数								

应收账款明细账

201×年度   第3页

年		凭证		摘要	借方	√	贷方	√	借或贷	余额	核对
月	日	种类	号数								

原材料——原料及主要材料明细账

最高储备量_____ 类别_____ 储备定额_____ 存放地点_____ 规格_____

最低储备量_____ 编号_____ 计划单价_____ 计量单位_____ 名称_____

年		凭证		摘要	收入			发出			结余			核对
月	日	种类	号数		数量	单价	金额	数量	单价	金额	数量	单价	金额	

原材料——原料及主要材料明细账

最高储备量_____ 类别_____ 储备定额_____ 存放地点_____ 规格_____

最低储备量_____ 编号_____ 计划单价_____ 计量单位_____ 名称_____

年		凭证		摘要	收入			发出			结余			核对
月	日	种类	号数		数量	单价	金额	数量	单价	金额	数量	单价	金额	

原材料——原料及主要材料明细账

最高储备量_____ 类别_____ 储备定额_____ 存放地点_____ 规格_____
最低储备量_____ 编号_____ 计划单价_____ 计量单位_____ 名称_____

年		凭证		摘要	收入			发出			结余			核对
月	日	种类	号数		数量	单价	金额	数量	单价	金额	数量	单价	金额	

原材料——原料及主要材料明细账

最高储备量_____ 类别_____ 储备定额_____ 存放地点_____ 规格_____
最低储备量_____ 编号_____ 计划单价_____ 计量单位_____ 名称_____

年		凭证		摘要	收入			发出			结余			核对
月	日	种类	号数		数量	单价	金额	数量	单价	金额	数量	单价	金额	

原材料——原料及主要材料明细账

第 5 页

最高储备量_____ 类别_____ 储备定额_____ 存放地点_____ 规格_____
最低储备量_____ 编号_____ 计划单价_____ 计量单位_____ 名称_____

年		凭证		摘要	收入			发出			结余			核对
月	日	种类	号数		数量	单价	金额	数量	单价	金额	数量	单价	金额	

库存商品明细账

第 1 页

最高储备量_____ 类别_____ 储备定额_____ 存放地点_____ 规格_____
最低储备量_____ 编号_____ 计划单价_____ 计量单位_____ 名称_____

年		凭证		摘要	收入			发出			结余			核对
月	日	种类	号数		数量	单价	金额	数量	单价	金额	数量	单价	金额	

库存商品明细账　　　　　　　　　　　　　　第 2 页

最高储备量＿＿＿＿＿＿　类别＿＿＿＿＿　储备定额＿＿＿＿＿　存放地点＿＿＿＿＿　规格＿＿＿＿＿

最低储备量＿＿＿＿＿＿　编号＿＿＿＿＿　计划单价＿＿＿＿＿　计量单位＿＿＿＿＿　名称＿＿＿＿＿

年		凭证		摘要	收入			发出			结余			核对
月	日	种类	号数		数量	单价	金额	数量	单价	金额	数量	单价	金额	

生产成本明细账

＿＿＿＿＿＿＿车间

＿＿＿＿＿＿＿产品　　　　　　　　　　　　　　　　　　第 1 页

年		凭证		摘要	直接材料	直接人工	制造费用	合计	核对
月	日	种类	号数						

生产成本明细账

＿＿＿＿＿＿＿车间

＿＿＿＿＿＿＿产品　　　　　　　　　　　　　　　　　　第 2 页

年		凭证		摘要	直接材料	直接人工	制造费用	合计	核对
月	日	种类	号数						

九、会计报表

（一）资产负债表（表 5 - 9）

表 5 - 9

编制单位：

资产负债表

会企 02 表

年　月　日

单位：元

资产	期末余额	年初余额	负债和所有者权益 （或股东权益）	期末余额	年初余额
流动资产					
货币资金					
交易性金融资产					
应收票据					
应收账款					
预付账款					
应收利息					
应收股利					
其他应收款					
存货					
一年内到期的非流动资产					
其他流动资产					
流动资产合计					
非流动资产：					
可供出售金融资产					
持有至到期投资					
长期应收款					
长期股权投资					
投资性房地产					
固定投资					
在建工程					
工程物资					

表5-9（续）

资产	期末余额	年初余额	负债和所有者权益（或股东权益）	期末余额	年初余额
固定资产清理					
生产性生物资产					
油气资产					
无形资产					
开发支出					
商誉					
长期待摊费用					
递延所得税资产					
其他非流动资产					
非流动资产合计					
资产总计			负债和所有者权益（或股东权益）总计		

（二）利润表（表5-10）

表5-10

利润表

编制单位：会企02表　　　　　　　　　　年　月　　　　　　　　　单位：元

项目	（1~12月）本期金额	（上年金额）上期金额
一、营业收入		
减：营业成本		
营业税金及附加		
销售费用		
管理费用		
财务费用		
资产减值损失		
加：公允价值变动收益（损失以"-"号填列）		
投资收益（损失以"-"号填列）		
其中：对联营企业和合营企业的投资收益		
二、营业利润（亏损以"-"号填列）		
加：营业外收入		
减：营业外支出		

表5－10(续)

项目	（1～12月）本期金额	（上年金额）上期金额
其中：非流动资产处置损失		
三、利润总额（亏损总额以"－"号填列）		
减：所得税费用		
四、净利益（净亏损以"－"号填列）		
五、每股收益		
（一）基本每股收益		
（二）稀释每股收益		

十、要点提示与参考答案

（一）建账

（1）在总账、明细账中填写需要的科目。

（2）将期初余额表中的金额过到总账及相应的明细账中。

（二）201×年12月发生经济业务处理（编制记账凭证，格式略）

1. 12月1日发生的经济业务

要点提示：

（1）按照《内部会计控制规范——货币资金》规定，企业应当加强与货币资金相关的票据的管理。因此，为加强支票的管理，领用支票时，应填制"现金支票领用审批表"，此表不作为记账凭证附件，故本教材省略（下同）。

（2）企业提取现金的业务，需签发现金支票到银行提取现金。现金支票只能用于支取现金，不能用于转账，不得背书转让。

（3）支票填写完成后，盖上预留银行印鉴，并在支票背面也盖上银行印鉴。沿虚线剪开，支票正联送交银行提取现金，支票存根留作企业记账依据。

（4）现金支票日期应以大写数字填写，月份或日期少于10的应以零几月（或日）填写，如：6月（或日）应以零陆月（或零陆日）填写，月份或日期大于10的应以几拾几月填写，如：12月应以壹拾贰月填写，25日应以贰拾伍日填写。

（5）现金支票金额应以标准（大、小写）数字填写，小写金额前应以人民币符号封头。

（6）提取现金的工作流程，见图3－1。

借：库存现金　　　　　　　　　　　　　　　　　　　　　　　6 000

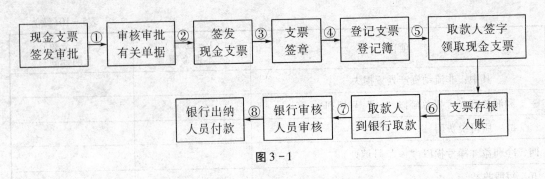

图 3 - 1

　贷：银行存款　　　　　　　　　　　　　　　　　　　　　　　　　6 000

2. 12 月 2 日发生的经济业务

要点提示：

（1）贷款凭证是借款单位向银行申请借款时填制的一式五联原始凭证（第一联借方凭证，第二联贷方凭证，第三联回单，第四联放款记录，第五联借据），属外来原始凭证，故本教材省略。

（2）凭证的传递程序是：借款单位将填妥的凭证，在第一、第五联上加盖预留银行印章后，连同其他联和借款合同或协议送银行，银行审理批准借款，在第四联上盖章后返还给借款单位，作为其存款账户的收账通知。

　借：银行存款　　　　　　　　　　　　　　　　　　　　　　　　200 000

　　贷：短期借款　　　　　　　　　　　　　　　　　　　　　　　200 000

3. 12 月 3 日发生的经济业务

要点提示：

（1）按照《内部会计控制规范——货币资金》规定，企业应当加强与货币资金相关票据的管理。因此，为加强支票的管理，领用支票时，应填制"转账支票领用审批表"，此表不作为记账凭证附件（下同）。

（2）增值税专用发票的开具要求十分严格，必须项目齐全，与实际交易相符，字迹清楚，不得压线、错格。增值税专用发票应按增值税纳税义务的发生时间开具。对不符合要求的专用发票，购买方有权拒收（下同）。

（3）增值税专用发票基本联次为一式三联，第一联是抵扣联，购货方作扣税凭证；第二联是发票联，是购货方作付款的原始凭证；第三联是记账联，是销货方作销售的原始凭证。抵扣联和发票联必须加盖发票专用章（下同）。

（4）与现金支票不同，转账支票不能提取现金，只能用于经济业务往来单位款项的划转。

（5）转账支票送存银行的业务流程见图 3 - 2。

（6）进账单一式三联，第一联为回单，是开户银行交给持（出）票人的回单；第二联为贷方凭证，由收款人开户银行作贷方凭证；第三联为收账通知，是收款人开户银行交给收款人的收账通知。银行进账单（回单）的作用是告知持（出）票人，依据其签发的转账支票，款项已划转到收款人的开户银行（下同）。

（7）企业购买材料，经验收合格后入库，并开具收料单。收料单是外购材料物资验收

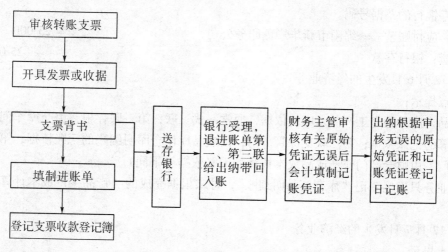

图 3 - 2

入库时填制的原始凭证，基本联次是一式三联，一联交给采购员留底，一联交仓库保管员据以登记明细账，一联连同发票交给财会部门办理结算（下同）。

借：原材料——白砂糖　　　　　　　　　　　　　　　　　　　1 620
　　应交税费—应交增值税（进项税额）　　　　　　　　　　　275.4
　　贷：银行存款　　　　　　　　　　　　　　　　　　　　　　1 895.4

4. 12 月 4 日发生的经济业务

要点提示：

（1）借款人经借款单位（或有关部门）领导批准填写借款单，并送交财会部门办理借款手续。

（2）财会部门对借款单审核无误后，支付现金或开现金支票由借款人去银行提取现金；财会部门要将借款单回执退回借款人。

借：其他应收款——李丹　　　　　　　　　　　　　　　　　　3 000
　　贷：库存现金　　　　　　　　　　　　　　　　　　　　　　3 000

5. 12 月 5 日发生的经济业务

要点提示：

（1）领料部门按规定领用材料需填写领料单送交仓库，库管员对领料单审核后发料。

（2）领料单由领料人员填写，领料单通常一式三联，一联领料部门留存，一联交仓库，库管员据以登记库管材料明细账，记账联送交财会部门作为记账依据（下同）。

该业务只逐笔登记"原材料明细账"，月末根据编制完成的"发料凭证汇总表"编制分录。

6. 12 月 6 日发生的经济业务

要点提示：

进账单的填写方法：收款人或付款人全称为企业在银行开户名称；账号为开户银行账号；开户银行为开户银行全称；大写金额不得留有空白，金额要与小写金额相对应；票据种类一般为转账支票、银行本票和银行汇票等；票据张数为送存银行的票据张数；票据号码为送存银行的票据号码。

  借：应付账款——绵阳市新华彩色印务公司   25 000

    贷：银行存款   25 000

  7. 12 月 6 日发生的经济业务

  要点提示：

  产品入库单是完工产品入库的依据，通常一式三联，第一联存根，由交库车间留存作车间核算的记账依据；第二联交保管部门，由成品库作仓库明细账的记账依据；第三联交财会部门，由财会部门作产成品成本核算的记账依据（下同）。

  该业务只逐笔登记"库存商品明细账"，月末根据完成的"产品生产成本计算单"编制分录。

  8. 12 月 7 日发生的经济业务

  要点提示：

  （1）企业销售产品应开具增值税专用发票，销货单位的记账联可不盖发票专用章（下同）。

  （2）销货方凭转账支票到银行办理货款转账业务。销货方开户银行收到出票人开户行划转的款项后，将进账单（收账通知联）加盖收讫章交销货方，企业以此作为收到款项的记账依据（下同）。

  （3）企业销售商品，销售部门填制一式三联的产成品出库通知单，一联为销售部门留存，一联为成品仓库作仓库明细账的依据，一联为财会部门据以登记产成品明细账的依据。

  借：银行存款   34 398

    贷：主营业务收入——黄瓜爽   29 400

      应交税费——应交增值税（销项税额）   4 998

  9. 2 月 7 日发生的经济业务

  要点提示：

  按相关规定，跨行、同行大额电汇需经过中国人民银行系统记录。

  借：银行存款   20 000

    贷：应收账款——成都若兰包装公司   20 000

  10. 12 月 7 日发生的经济业务

  要点提示：

  投资协议书是证明投资成立的合法依据，不作为记账凭证附件。

  借：银行存款   400 000

    贷：实收资本——绵阳市兴达股份有限公司   400 000

  11. 12 月 8 日发生的经济业务

  要点提示：

  （1）企业缴纳增值税首先应填写纳税申报表交税务机关，税务机关审核通过后，填制税收通用缴款书一式六联交与企业。

  （2）企业缴纳的城市维护建设税、教育费附加等，一般填制表票合一（即申报表与缴款书合在一起）的六联税收通用缴款书，首联为申报表申报联报送税务机关，其余五联缴款书送银行办理缴库手续。

首联为申报表：申报联，纳税单位向税务机关办理纳税申报的凭证。其余联次缴款书：

第一联（收据）国库（银行）盖章后退回缴税单位（人）作完税凭证；

第二联（付款凭证）缴税单位（人）的支付凭证，开户银行作借方传票；

第三联（收款凭证）收款国库作贷方传票；

第四联（回执）国库收款盖章后退给税务机关作税收会计凭证；

第五联（报查）国库（银行）收款盖章后退给基层税务机关作税收会计凭证；

第六联（存根）基层税务机关留底，自行开票的，由缴税单位（人）送基层税务机关。

（3）企业通过网上报税方式缴纳上月的增值税、城市维护建设税和教育费附加，缴清税款后收到银行电子缴税回单，作为记账依据。

借：应交税费——应交增值税（已交税金） 2 525.49
 　　　　　　——应交城市维护建设税 176.78
 　　　　　　——应交教育费附加 75.76
 　　　　　　——应交地方教育费附加 50.51
 　贷：银行存款 2 828.54

12. 12月8日发生的经济业务

要点提示：

（1）按照《内部会计控制规范——货币资金》规定，企业应当加强货币资金的管理，明确使用货币资金的职责权限和程序。因此，在转账时，应填制"转账审批表"，此表不作为记账凭证附件（下同）。

（2）汇款人以电汇方式汇款时，应填写电汇凭证一式三联（第一联回单，汇出行给汇款人的回单；第二联借方凭证，汇出行作借方凭证；第三联汇款依据，汇出行凭以汇出汇款），并在第二联"汇款人签章"处加盖预留银行印鉴。银行受理后加盖转讫章，将第一联回单退给汇款人作为记账依据，故本教材省略（下同）。

（3）固定资产由使用部门负责固定资产的保管。

（4）固定资产移交使用验收单表明该项资产正式交由使用部门正式使用。

借：固定资产 50 000
 贷：银行存款 50 000

13. 12月9日发生的经济业务

要点提示：

（1）商业零售发票是商品零售企业在零售商品时，向购买方收取货款时开具的凭证。

（2）发票的基本联次一般为三联，第一联为存根联，收款方留存备查；第二联为发票联，作付款单位记账的凭证；第三联为记账联，作收款方记账的凭证。

（3）此业务的程序是先由经办人员购买商品并取得发票，再经有关领导审核报销。

（4）出纳员向经办人员支付库存现金并在发票上盖上现金付讫章。

（5）办公用品通常无需入库，购回后直接由使用部门和人员领用。

借：管理费用　　　　　　　　　　　　　　　　　　　　1 220
　　贷：库存现金　　　　　　　　　　　　　　　　　　　　　　1 220

14. 12 月 10 日发生的经济业务

借：银行存款　　　　　　　　　　　　　　　　　　　　42 000
　　贷：应收票据——商业承兑汇票（北京机械厂）　　　　　　　42 000

15. 12 月 10 发生的经济业务

要点提示：

（1）根据发放职工生活困难补助的通知，支付职工生活困难补助款，并要求申请职工签字盖章才能有效。

（2）根据新会计准则规定，按受益对象分配到管理费用中。

借：管理费用　　　　　　　　　　　　　　　　　　　　1 800
　　贷：应付职工薪酬——职工福利　　　　　　　　　　　　　　1 800
借：应付职工薪酬——职工福利　　　　　　　　　　　　1 800
　　贷：库存现金　　　　　　　　　　　　　　　　　　　　　　1 800

16. 12 月 11 日发生的经济业务

要点提示：

企业取得的运费发票与增值税专用发票类似，按税法规定，运输费可按 7% 抵扣，但在会计学基础部分可暂不涉及该内容（下同）。

借：在途物资——西昌市澳丰食品公司　　　　　　　　20 741.2
　　应交税费——应交增值税（进项税额）　　　　　　　3 322
　　贷：银行存款　　　　　　　　　　　　　　　　　　　　　　24 063.2

17. 12 月 11 日发生的经济业务同 12 月 5 日业务

18. 12 月 11 日发生的经济业务。

要点提示：

委托收款是收款人向银行提供收款依据，委托银行向付款人收取款项的结算方式。分为邮划、电划两种，办理手续时，应填制一式五联托收凭证。

第一联（受理回单），作收款人开户银行给收款人的受理回单，由收款人开户银行审查无误后加盖印章退给收款人。

第二联（贷方凭证），由收款人开户银行作为贷方凭证。

第三联（借方凭证），由付款人开户银行作为借方凭证。

第四联（汇款依据或收账通知），付款人开户银行凭以汇款或收款人开户银行作收账通知。

第五联（付款通知），付款人开户银行给付款人按期付款通知。

借：应收账款——成都食品批发城　　　　　　　　　　78 996.06
　　贷：主营业务收入——V 能维生素　　　　　　　　　　　　　30 768
　　　　　　　　　　——黄瓜爽　　　　　　　　　　　　　　　36 750
　　　　应交税费——应交增值税（销项税额）　　　　　　　　　11 478.06

19. 12 月 12 日发生的经济业务

要点提示：

商品购销合同是指供方（卖方）同需方（买方）根据协商一致的意见，由供方将产品交付给需方，需方接受产品并按规定支付价款的协议。财会部门将商品购销合同复印件作为预付货款的依据，但不作为记账凭证附件。

借：预付账款——四川宜宾普什集团　　　　　　　　　　　　　17 000

　　贷：银行存款　　　　　　　　　　　　　　　　　　　　　　　　17 000

20. 12 月 12 日发生的经济业务

要点提示：

报销业务处理程序见图 3 - 3。

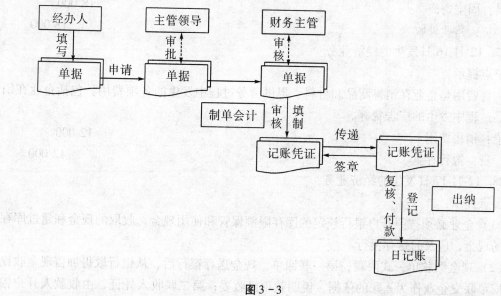

图 3 - 3

借：管理费用　　　　　　　　　　　　　　　　　　　　　　　　570

　　贷：库存现金　　　　　　　　　　　　　　　　　　　　　　　　570

21. 12 月 13 日发生的经济业务同 12 月 5 日业务

22. 12 月 13 日发生的经济业务

借：周转材料——低值易耗品（洗衣粉）　　　　　　　　　　1 641

　　应交税费——应交增值税（进项税额）　　　　　　　　　278.97

　　贷：库存现金　　　　　　　　　　　　　　　　　　　　　　1 919.97

23. 12 月 14 日发生的经济业务

借：原材料——黄瓜浓缩汁　　　　　　　　　　　　　　　1 475.79

　　　　　——红牛香精　　　　　　　　　　　　　　　　18 581.58

　　　　　——水柠檬酸　　　　　　　　　　　　　　　　　683.83

　　贷：在途物资——西昌市澳丰食品公司　　　　　　　　　20 741.2

24. 12 月 14 发生的经济业务同 12 月 6 日业务

25. 12 月 15 日发生的经济业务

要点提示：

购买软件的增值税专用发票不能抵扣，抵扣联与发票联一起作为购买该软件的原始附件。

借：无形资产   32 000

   贷：银行存款   32 000

26. 12 月 15 日发生的经济业务

要点提示：

接受捐赠的固定资产应作为自有固定资产使用，但由于其不属于企业的日常活动，故不属于收入的范畴，应作为计入当期利润的利得处理。

借：固定资产   18 000

   贷：营业外收入   18 000

27. 12 月 16 日发生的经济业务

要点提示：

销售费用是企业在销售商品和材料、提供劳务过程中发生的各项费用。包括企业在销售商品过程中发生的广告费等。

借：销售费用   12 000

   贷：银行存款   12 000

28. 12 月 17 日发生的经济业务

要点提示：

（1）企业必须按照开户银行核定的库存限额保管和使用现金，收取的现金和超过库存限额的现金，应及时送存银行。

（2）现金缴款单一式两联，第一联回单，现金送存银行后，从银行取得加盖现金收讫章的回单联交企业作为入账的依据，说明款项已收妥；第二联收入凭证，由收款人开户银行作凭证。

借：银行存款   81 637.92

   贷：主营业务收入——V 能维生素   69 776

      应交税费——应交增值税（销项）   11 861.92

29. 12 月 18 日发生的经济业务

要点提示：

2008 年 12 月 11 日已按购销合同预付了货款。

借：周转材料——热灌装瓶坯   16 500

    应交税费——应交增值税（进项）   2 720

   贷：预付账款——四川宜宾普什集团   19 220

30. 12 月 19 日发生的经济业务同 12 月 5 日业务

31. 12 月 19 日发生的经济业务

要点提示：

（1）托收承付是根据购销合同由收款人发货后委托银行向异地付款人收取款项，由付款人向银行承认付款的结算方式。这是一种较为严格的结算方式。

（2）收款人按照签订的合同发货后委托银行托收款项时，出纳员填制一式五联的托收凭证，将托收凭证并附发运证件或其他符合托收承付结算的有关证明和交易单证（连同经济合同副本、销货发票、代垫运费单据）一并送交开户银行办理托收手续。

（3）收款人开户银行接到托收凭证及其附件后，按照托收的范围、条件和托收凭证记载的要求进行审查，必要时，还应查验付款人签订的购销合同。银行审核无误后，在托收凭证第五联回单上加盖印章，交收款人带回作为记账依据并将其他结算凭证寄往购货单位开户银行，由购货单位开户行通知购货单位承认付款。

借：应收账款——雅安正大商城　　　　　　　　　　　　　　214 987.5
　　贷：主营业务收入——黄瓜爽　　　　　　　　　　　　　　183 750
　　　　应交税费——应交增值税（销项）　　　　　　　　　　31 237.5

32. 12 月 20 日发生的经济业务

要点提示：

电话费发票是电信局向用户收取电话费开出的收款发票，为外来原始凭证。

借：制造费用　　　　　　　　　　　　　　　　　　　　　　400
　　管理费用　　　　　　　　　　　　　　　　　　　　　　600
　　贷：库存现金　　　　　　　　　　　　　　　　　　　　1 000

33. 12 月 20 日发生的经济业务

借：库存现金　　　　　　　　　　　　　　　　　　　　　152 440
　　贷：银行存款　　　　　　　　　　　　　　　　　　　　152 440

34. 12 月 20 日发生的经济业务

要点提示：

（1）工资结算汇总表由企业的人力资源管理部门填制，通常人力资源部门留存一份，另一份交财务部门作为发放工资的凭证。

（2）发放薪酬业务处理流程见图 3 - 4。

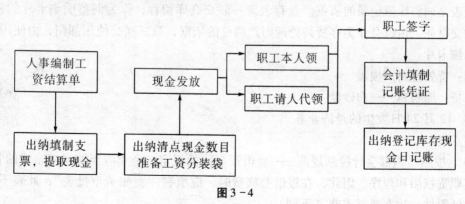

图 3 - 4

借：应付职工薪酬——工资　　　　　　　　　　　　　　　152 440
　　贷：库存现金　　　　　　　　　　　　　　　　　　　　152 440
借：应付职工薪酬——工资　　　　　　　　　　　　　　　21 360

  贷：其他应付款——社会保险费   13 160

  　　应交税费——应交个人所得税   8 200

目前大多数企业都是通过银行代发工资，无需提取现金，职工直接凭银行卡支取现金
即可（流程同图 3 - 2 转账支票送存银行流程图，所不同的是要连同一份人事编制的工资
结算单一份送存银行）。

  则第 33 笔业务和第 34 笔业务可以合为一笔：

  借：应付职工薪酬——工资   152 440

  　　贷：银行存款   152 440

  借：应付职工薪酬——工资   21 360

  　　贷：其他应付款——社会保险费   13 160

  　　　　应交税费——应交个人所得税   8 200

35. 12 月 21 日发生的经济业务

要点提示：

银行利息收入回单由开户银行每季度填制一次并交与企业作为会计处理的依据。

  借：银行存款   249.51

  　　贷：财务费用   249.51

36. 12 月 22 日发生的经济业务

要点提示：

企业向开户银行贷款应支付贷款利息。开户银行应向贷款企业传递两张凭证，第一张
是借款利息计算的通知单，第二张是企业向银行支付利息的凭证。

  借：应付利息   750

  　　贷：银行存款   750

37. 12 月 23 日发生的经济业务

要点提示：

企业盘点财产物资，由相关人员根据财产物资的账簿记录和实地盘点计算填制盘存
表，该表是调整账簿记录的依据。盘存表第一联交仓库留存，作为调整明细卡片的依据；
第二联交财务，由财会作为存货待处理财产调整的依据；第三联交使用部门，由使用部门
调整明细卡片。

  借：待处理财产损溢   162

  　　贷：原材料——白砂糖   162

38. 12 月 24 日发生的经济业务

要点提示：

（1）按照《内部会计控制规范——货币资金》的规定，企业应当加强差旅费的管理，
明确其职责权限和程序。因此，在报销差旅费时，应填制"差旅费审批表"，此表不作为
记账凭证附件，故本教材省略（下同）。

（2）差旅费报销单为单联式，由报销人出差归来报销差旅费时填写，然后交财会作为
现金退补的依据。本单背面应黏附车票、住宿费等外来原始凭证。

  借：管理费用   2 700

　　　　库存现金　　　　　　　　　　　　　　　　　　　　300
　　　贷：其他应收款——钟明德　　　　　　　　　　　　　　　　3 000

39. 12 月 25 日发生的经济业务

要点提示：

（1）银行办理各项支付结算业务，根据承担的责任和业务成本及应付给有关部门的费用，分别收取邮费、手续费、凭证工本费等。

（2）单位委托银行办理各项支付结算业务支付银行收费时，应填制一式三联的银行收费凭证，并在第三联预留印鉴处加盖银行印鉴。付费后，银行加盖转讫章，将第一联回单退给单位作为记账依据。

　　借：财务费用　　　　　　　　　　　　　　　　　　　10. 5
　　　贷：银行存款　　　　　　　　　　　　　　　　　　　　10. 5

40. 12 月 27 日发生的经济业务

　　借：银行存款　　　　　　　　　　　　　　　　　　　78 996.06
　　　贷：应收账款——成都食品批发城　　　　　　　　　　　78 996.06

41. 12 月 28 日发生的经济业务

要点提示：

存货盘盈盘亏报告单根据盘存表及相关部门和人员签字确认记录后填制。第一联存根，作为仓库明细账记账依据，第二联财会：由财会部门作批准后会计处理的依据；第三联统计，交供应部门作统计依据。

　　借：其他应收款——市保险公司　　　　　　　　　　　100
　　　营业外支出　　　　　　　　　　　　　　　　　　62
　　　贷：待处理财产损溢　　　　　　　　　　　　　　　　　162

42. 12 月 29 日发生的经济业务

　　借：销售费用　　　　　　　　　　　　　　　　　　8 700
　　　贷：银行存款　　　　　　　　　　　　　　　　　　　8 700

43. 12 月 30 发生的经济业务。

要点提示：

外购电费分配表为单联式，由财会人员根据本月企业各部门各产品的耗电量计算填制，以此作为结转外购电费的依据。

为方便初学者学习，所有原始凭证汇总表均已完成计算分配全过程（下同）。

　　借：生产成本——黄瓜爽　　　　　　　　　　　　　7 483.6
　　　　　　——V 能维生素饮料　　　　　　　　　　21 721.6
　　　制造费用　　　　　　　　　　　　　　　　　5 194.8
　　　管理费用　　　　　　　　　　　　　　　　　13 426.8
　　　销售费用　　　　　　　　　　　　　　　　　2 959.2
　　　应交税费——应交增值税（进项税额）　　　　　13 733.62
　　　贷：银行存款　　　　　　　　　　　　　　　　　　94 519.62

44. 12 月 30 日，结转原材料成本

要点提示：

发料凭证汇总表为单联式，由财会人员根据本月领料单汇总并按全月一次加权平均法计算填制，以此作为结转原材料成本的依据。

借：生产成本——黄瓜爽　　　　　　　　　　　　　　11 177.36

　　　　——V 能饮料　　　　　　　　　　　　　　25 583.34

　　制造费用　　　　　　　　　　　　　　　　　　　1 134.4

　　销售费用　　　　　　　　　　　　　　　　　　　1 053.4

　　贷：原材料——原料及主要材料　　　　　　　　　23 711.8

　　　　周转材料——低值易耗品　　　　　　　　　　1 805.1

　　　　　　　　——包装物　　　　　　　　　　　　13 431.6

45. 12 月 30 日，计取本月固定资产折旧

要点提示：

固定资产折旧计算表为单联式，由财会人员根据"固定资产"科目及相关记录和计算填制，作为固定资产的折旧会计处理的依据。固定资产的折旧率根据企业有关财务政策确定。

借：制造费用　　　　　　　　　　　　　　　　　　　7 922.81

　　管理费用　　　　　　　　　　　　　　　　　　　967

　　销售费用　　　　　　　　　　　　　　　　　　　425

　　贷：累计折旧　　　　　　　　　　　　　　　　　9 314.81

46. 12 月 30 日，计算本月应交城市维护建设税、教育费附加和地方教育费附加

要点提示：

城市维护建设税 = 实际流转税额 × 7%

教育费附加 = 实际流转税额 × 3%

地方教育费附加 = 实际流转税额 × 2%

借：营业税金及附加　　　　　　　　　　　　　　　　4 709.46

　　贷：应交税费——应交城市维护建设税　　　　　　2 747.18

　　　　　　　　——应交教育费附加　　　　　　　　1 177.36

　　　　　　　　——应交地方教育费附加　　　　　　784.91

47. 12 月 30 日，分配本月工资

要点提示：

工资分配表为单联式，由财会人员根据人力资源部门提供的工资结算汇总表填制，以确定本月各部门各产品应当分配的职工工资薪酬，作为工资费用分配的依据。

借：生产成本——黄瓜爽　　　　　　　　　　　　　　82 250

　　　　——V 能饮料　　　　　　　　　　　　　　64 750

　　制造费用　　　　　　　　　　　　　　　　　　　16 375

　　管理费用　　　　　　　　　　　　　　　　　　　17 000

　　销售费用　　　　　　　　　　　　　　　　　　　36 875

| 贷：应付职工薪酬——工资 | 173 800 |
| ——社会保险费 | 43 450 |

48. 12 月 30 日，计提本月工会经费和职工教育经费

要点提示：

按税法规定，企业可以根据应付职工工资总额的一定比例提取工会经费和职工教育经费。计提的工会经费、职工教育经费是应付职工薪酬的组成部分。

借：生产成本——黄瓜爽	2 303
——V 能饮料	1 813
制造费用	458.5
管理费用	476
销售费用	1 032.5
贷：应付职工薪酬——工会经费	3 476
——职工教育经费	2 607

49. 12 月 31 日，计算并分配结转本月制造费用

要点提示：

制造费用分配表为单联式，由财会人员根据"制造费用"科目记录及生产工人工资等资料计算填制，作为结转制造费用的依据。

借：生产成本——黄瓜爽	17 614.66
——V 能饮料	13 870.85
贷：制造费用	31 485.51

50. 12 月 31 日，计算并结转本月完工产品成本

要点提示：

产品生产成本计算单为单联式，由财会人员根据产成品入库单以及生产成本明细账的记录，按一定的计算方法填制，作为结转完工产品成本的依据。

产品生产成本 = 直接材料费 + 直接人工费 + 制造费用

完工产品成本 = 期初在产品成本 + 本期直接材料 + 本期的直接人工 + 本期制造费用 - 期末在产品成本

借：库存商品——黄瓜爽	159 768.82
——V 能饮料	135 888.79
贷：生产成本——黄瓜爽	159 768.82
——V 能饮料	135 888.79

51. 12 月 31 日，分配结转本月已销产品成本

要点提示：

已销产品成本计算单为单联式，由财会人员根据库存商品明细账的记录，按一定的计算方法填制，以此作为结转产品销售成本的依据。

产品销售成本 = 已销产品数量 × 产品加权平均单位成本

产品加权平均单位成本 = （期初产成品成本 + 本月入库产成品成本）÷（期初产成品数量 + 本月入库产成品数量）

借：主营业务成本 233 669.37
　　贷：库存商品——黄瓜爽 156 030.02
　　　　　——V 能饮料 77 639.35

52. 12 月 31 日，结转损益类账户，计算本月实现的利润

要点提示：

损益类账户发生额计算表是财会人员根据损益类账户的记录填制的，即将各损益类账户的余额全部结转到"本年利润"账户，在该账户上结算出本期实现的利润或发生的亏损以及本年累计损益。

借：主营业务收入 350 444
　　营业外收入 18 000
　　财务费用 239.01
　　贷：本年利润 368 683.01
借：本年利润 340 245.73
　　贷：主营业务成本 233 669.37
　　　　营业税金及附加 4 709.46
　　　　营业外支出 62
　　　　管理费用 38 759.80
　　　　销售费用 63 045.10

本月利润 = 368 683.01 - 340 245.73 = 28 437.28（元）

53. 12 月 31 日，计算并结转所得税

要点提示：

企业所得税是根据企业应纳税所得额的一定比例上缴的一种税。

应纳所得税额 = 应纳税所得额 × 所得税税率

借：所得税费用 7 109.32
　　贷：应交税费——应交所得税 7 109.32
借：本年利润 7 109.32
　　贷：所得税费用 7 109.32

全年净利润 = 297 437.28 - 74 359.32 = 223 077.96（元）

54. 12 月 31 日，分配净利润

要点提示：

（1）企业当期实现的净利润加上年初的未分配利润（或减去年初未弥补亏损）和其他转入后的余额，作为可供分配的利润，可供分配的利润一般先提取法定盈余公积，然后向投资者分配利润。

（2）利润分配表为单联式，由财务人员根据"利润分配"账户和"本年利润"账户的记录填制，以此作为利润分配的依据。

借：利润分配——提取法定盈余公积 22 307.80
　　　　　——应付股利 89 231.18
　　贷：盈余公积——法定盈余公积 22 307.80

应付股利——绵阳市国有资产经营公司	53 538.71
——绵阳市兴达股份有限公司	35 692.47

55. 2008 年 12 月 31 日，结转"利润分配"各明细账户

要点提示：

年末，企业要结转当年的利润分配情况，即将"利润分配"账户各明细账户的借方发生额全部转入"利润分配——未分配利润"账户的借方，结转后，除"利润分配——未分配利润"账户外，其他明细账均无余额。年末，"利润分配——未分配利润"账户贷方余额表示当年未分完的，留待以后年度可继续向投资者分配的利润；如是借方余额，则表示未弥补的亏损。

借：本年利润	223 077.96
贷：利润分配——未分配利润	223 077.96
借：利润分配——未分配利润	111 538.98
贷：利润分配——提取法定盈余公积	22 307.80
——应付股利	89 231.18

未分配利润 = 223 077.96 - 111 538.98 = 111 538.98（元）

（三）将上述记账凭证中借贷方发生额过入相关科目，进行二次科目汇总，编制汇字第 1、2 号科目汇总表

汇字第 1 号"科目汇总表"合计数为 983 232.37 元。

汇字第 2 号"科目汇总表"合计数为 2 848 056.67 元。

（四）报表提示

利润表"本年数"中，利润总额为 297 437.28 元，所得税费用为 74 359.32 元，净利润为 223 077.96 元。

附 录

附录一　中华人民共和国会计法

(1999 年 10 月 31 日　全国人民代表大会常务委员会颁布)

第一章　总则

第一条　为了规范会计行为，保证会计资料真实、完整，加强经济管理和财务管理，提高经济效益，维护社会主义市场经济秩序，制定本法。

第二条　国家机关、社会团体、公司、企业、事业单位和其他组织（以下统称单位）必须依照本法办理会计事务。

第三条　各单位必须依法设置会计账簿，并保证其真实、完整。

第四条　单位负责人对本单位的会计工作和会计资料的真实性、完整性负责。

第五条　会计机构、会计人员依照本法规定进行会计核算，实行会计监督。

任何单位或者个人不得以任何方式授意、指使、强令会计机构、会计人员伪造、变造会计凭证、会计账簿和其他会计资料，提供虚假财务会计报告。

任何单位或者个人不得对依法履行职责、抵制违反本法规定行为的会计人员实行打击报复。

第六条　对认真执行本法，忠于职守，坚持原则，做出显著成绩的会计人员，给予精神的或者物质的奖励。

第七条　国务院财政部门主管全国的会计工作。

县级以上地方各级人民政府财政部门管理本行政区域内的会计工作。

第八条　国家实行统一的会计制度。国家统一的会计制度由国务院财政部门根据本法制定并公布。

国务院有关部门可以依照本法和国家统一的会计制度制定对会计核算和会计监督有特殊要求的行业实施国家统一的会计制度的具体办法或者补充规定，报国务院财政部门审核批准。

中国人民解放军总后勤部可以依照本法和国家统一的会计制度制定军队实施国家统一

的会计制度的具体办法，报国务院财政部门备案。

第二章　会计核算

第九条　各单位必须根据实际发生的经济业务事项进行会计核算，填制会计凭证，登记会计账簿，编制财务会计报告。

任何单位不得以虚假的经济业务事项或者资料进行会计核算。

第十条　下列经济业务事项，应当办理会计手续，进行会计核算：

（一）款项和有价证券的收付；

（二）财物的收发、增减和使用；

（三）债权债务的发生和结算；

（四）资本、基金的增减；

（五）收入、支出、费用、成本的计算；

（六）财务成果的计算和处理；

（七）需要办理会计手续、进行会计核算的其他事项。

第十一条　会计年度自公历 1 月 1 日起至 12 月 31 日止。

第十二条　会计核算以人民币为记账本位币。

业务收支以人民币以外的货币为主的单位，可以选定其中一种货币作为记账本位币，但是编报的财务会计报告应当折算为人民币。

第十三条　会计凭证、会计账簿、财务会计报告和其他会计资料，必须符合国家统一的会计制度的规定。

使用电子计算机进行会计核算的，其软件及其生成的会计凭证、会计账簿、财务会计报告和其他会计资料，也必须符合国家统一的会计制度的规定。

任何单位和个人不得伪造、变造会计凭证、会计账簿及其他会计资料，不得提供虚假的财务会计报告。

第十四条　会计凭证包括原始凭证和记账凭证。

办理本法第十条所列的经济业务事项，必须填制或者取得原始凭证并及时送交会计机构。

会计机构、会计人员必须按照国家统一的会计制度的规定对原始凭证进行审核，对不真实、不合法的原始凭证有权不予接受，并向单位负责人报告；对记载不准确、不完整的原始凭证予以退回，并要求按照国家统一的会计制度的规定更正、补充。

原始凭证记载的各项内容均不得涂改；原始凭证有错误的，应当由出具单位重开或者更正，更正处应当加盖出具单位印章。原始凭证金额有错误的，应当由出具单位重开，不得在原始凭证上更正。

记账凭证应当根据经过审核的原始凭证及有关资料编制。

第十五条　会计账簿登记，必须以经过审核的会计凭证为依据，并符合有关法律、行政法规和国家统一的会计制度的规定。会计账簿包括总账、明细账、日记账和其他辅助性账簿。

会计账簿应当按照连续编号的页码顺序登记。会计账簿记录发生错误或者隔页、缺号、跳行的，应当按照国家统一的会计制度规定的方法更正，并由会计人员和会计机构负责人（会计主管人员）在更正处盖章。

使用电子计算机进行会计核算的，其会计账簿的登记、更正，应当符合国家统一的会计制度的规定。

第十六条　各单位发生的各项经济业务事项应当在依法设置的会计账簿上统一登记、核算，不得违反本法和国家统一的会计制度的规定私设会计账簿登记、核算。

第十七条　各单位应当定期将会计账簿记录与实物、款项及有关资料相互核对，保证会计账簿记录与实物及款项的实有数额相符、会计账簿记录与会计凭证的有关内容相符、会计账簿之间相对应的记录相符、会计账簿记录与会计报表的有关内容相符。

第十八条　各单位采用的会计处理方法，前后各期应当一致，不得随意变更；确有必要变更的，应当按照国家统一的会计制度的规定变更，并将变更的原因、情况及影响在财务会计报告中说明。

第十九条　单位提供的担保、未决诉讼等或有事项，应当按照国家统一的会计制度的规定，在财务会计报告中予以说明。

第二十条　财务会计报告应当根据经过审核的会计账簿记录和有关资料编制，并符合本法和国家统一的会计制度关于财务会计报告的编制要求、提供对象和提供期限的规定；其他法律、行政法规另有规定的，从其规定。

财务会计报告由会计报表、会计报表附注和财务情况说明书组成。向不同的会计资料使用者提供的财务会计报告，其编制依据应当一致。有关法律、行政法规规定会计报表、会计报表附注和财务情况说明书须经注册会计师审计的，注册会计师及其所在的会计师事务所出具的审计报告应当随同财务会计报告一并提供。

第二十一条　财务会计报告应当由单位负责人和主管会计工作的负责人、会计机构负责人（会计主管人员）签名并盖章；设置总会计师的单位，还须由总会计师签名并盖章。

单位负责人应当保证财务会计报告真实、完整。

第二十二条　会计记录的文字应当使用中文。在民族自治地方，会计记录可以同时使用当地通用的一种民族文字。在中华人民共和国境内的外商投资企业、外国企业和其他外国组织的会计记录可以同时使用一种外国文字。

第二十三条　各单位对会计凭证、会计账簿、财务会计报告和其他会计资料应当建立档案，妥善保管。会计档案的保管期限和销毁办法，由国务院财政部门会同有关部门制定。

第三章　公司、企业会计核算的特别规定

第二十四条　公司、企业进行会计核算，除应当遵守本法第二章的规定外，还应当遵守本章规定。

第二十五条　公司、企业必须根据实际发生的经济业务事项，按照国家统一的会计制度的规定确认、计量和记录资产、负债、所有者权益、收入、费用、成本和利润。

第二十六条　公司、企业进行会计核算不得有下列行为：

（一）随意改变资产、负债、所有者权益的确认标准或者计量方法，虚列、多列、不

列或者少列资产、负债、所有者权益；

（二）虚列或者隐瞒收入，推迟或者提前确认收入；

（三）随意改变费用、成本的确认标准或者计量方法，虚列、多列、不列或者少列费用、成本；

（四）随意调整利润的计算、分配方法，编造虚假利润或者隐瞒利润；

（五）违反国家统一的会计制度规定的其他行为。

第四章　会计监督

第二十七条　各单位应当建立、健全本单位内部会计监督制度。单位内部会计监督制度应当符合下列要求：

（一）记账人员与经济业务事项和会计事项的审批人员、经办人员、财物保管人员的职责权限应当明确，并相互分离、相互制约；

（二）重大对外投资、资产处置、资金调度和其他重要经济业务事项的决策和执行的相互监督、相互制约程序应当明确；

（三）财产清查的范围、期限和组织程序应当明确；

（四）对会计资料定期进行内部审计的办法和程序应当明确。

第二十八条　单位负责人应当保证会计机构、会计人员依法履行职责，不得授意、指使、强令会计机构、会计人员违法办理会计事项。

会计机构、会计人员对违反本法和国家统一的会计制度规定的会计事项，有权拒绝办理或者按照职权予以纠正。

第二十九条　会计机构、会计人员发现会计账簿记录与实物、款项及有关资料不相符的，按照国家统一的会计制度的规定有权自行处理的，应当及时处理；无权处理的，应当立即向单位负责人报告，请求查明原因，作出处理。

第三十条　任何单位和个人对违反本法和国家统一的会计制度规定的行为，有权检举。收到检举的部门有权处理的，应当依法按照职责分工及时处理；无权处理的，应当及时移送有权处理的部门处理。收到检举的部门、负责处理的部门应当为检举人保密，不得将检举人姓名和检举材料转给被检举单位和被检举人个人。

第三十一条　有关法律、行政法规规定，须经注册会计师进行审计的单位，应当向受委托的会计师事务所如实提供会计凭证、会计账簿、财务会计报告和其他会计资料以及有关情况。

任何单位或者个人不得以任何方式要求或者示意注册会计师及其所在的会计师事务所出具不实或者不当的审计报告。

财政部门有权对会计师事务所出具审计报告的程序和内容进行监督。

第三十二条　财政部门对各单位的下列情况实施监督：

（一）是否依法设置会计账簿；

（二）会计凭证、会计账簿、财务会计报告和其他会计资料是否真实、完整；

（三）会计核算是否符合本法和国家统一的会计制度的规定；

（四）从事会计工作的人员是否具备从业资格。

在对前款第（二）项所列事项实施监督，发现重大违法嫌疑时，国务院财政部门及其派出机构可以向与被监督单位有经济业务往来的单位和被监督单位开立账户的金融机构查询有关情况，有关单位和金融机构应当给予支持。

第三十三条　财政、审计、税务、人民银行、证券监管、保险监管等部门应当依照有关法律、行政法规规定的职责，对有关单位的会计资料实施监督检查。

前款所列监督检查部门对有关单位的会计资料依法实施监督检查后，应当出具检查结论。有关监督检查部门已经作出的检查结论能够满足其他监督检查部门履行本部门职责需要的，其他监督检查部门应当加以利用，避免重复查账。

第三十四条　依法对有关单位的会计资料实施监督检查的部门及其工作人员对在监督检查中知悉的国家秘密和商业秘密负有保密义务。

第三十五条　各单位必须依照有关法律、行政法规的规定，接受有关监督检查部门依法实施的监督检查，如实提供会计凭证、会计账簿、财务会计报告和其他会计资料以及有关情况，不得拒绝、隐匿、谎报。

第五章　会计机构和会计人员

第三十六条　各单位应当根据会计业务的需要，设置会计机构，或者在有关机构中设置会计人员并指定会计主管人员；不具备设置条件的，应当委托经批准设立从事会计代理记账业务的中介机构代理记账。

国有的和国有资产占控股地位或者主导地位的大、中型企业必须设置总会计师。总会计师的任职资格、任免程序、职责权限由国务院规定。

第三十七条　会计机构内部应当建立稽核制度。

出纳人员不得兼任稽核、会计档案保管和收入、支出、费用、债权债务账目的登记工作。

第三十八条　从事会计工作的人员，必须取得会计从业资格证书。

担任单位会计机构负责人（会计主管人员）的，除取得会计从业资格证书外，还应当具备会计师以上专业技术职务资格或者从事会计工作三年以上经历。

会计人员从业资格管理办法由国务院财政部门规定。

第三十九条　会计人员应当遵守职业道德，提高业务素质。对会计人员的教育和培训工作应当加强。

第四十条　因有提供虚假财务会计报告，做假账，隐匿或者故意销毁会计凭证、会计账簿、财务会计报告，贪污，挪用公款，职务侵占等与会计职务有关的违法行为被依法追究刑事责任的人员，不得取得或者重新取得会计从业资格证书。

除前款规定的人员外，因违法违纪行为被吊销会计从业资格证书的人员，自被吊销会计从业资格证书之日起五年内，不得重新取得会计从业资格证书。

第四十一条　会计人员调动工作或者离职，必须与接管人员办清交接手续。

一般会计人员办理交接手续，由会计机构负责人（会计主管人员）监交；会计机构负责人（会计主管人员）办理交接手续，由单位负责人监交，必要时主管单位可以派人会同监交。

第六章　法律责任

第四十二条　违反本法规定，有下列行为之一的，由县级以上人民政府财政部门责令限期改正，可以对单位并处三千元以上五万元以下的罚款；对其直接负责的主管人员和其他直接责任人员，可以处二千元以上二万元以下的罚款；属于国家工作人员的，还应当由其所在单位或者有关单位依法给予行政处分：

（一）不依法设置会计账簿的；

（二）私设会计账簿的；

（三）未按照规定填制、取得原始凭证或者填制、取得的原始凭证不符合规定的；

（四）以未经审核的会计凭证为依据登记会计账簿或者登记会计账簿不符合规定的；

（五）随意变更会计处理方法的；

（六）向不同的会计资料使用者提供的财务会计报告编制依据不一致的；

（七）未按照规定使用会计记录文字或者记账本位币的；

（八）未按照规定保管会计资料，致使会计资料毁损、灭失的；

（九）未按照规定建立并实施单位内部会计监督制度或者拒绝依法实施监督或者不如实提供有关会计资料及有关情况的；

（十）任用会计人员不符合本法规定的。

有前款所列行为之一，构成犯罪的，依法追究刑事责任。

会计人员有第一款所列行为之一，情节严重的，由县级以上人民政府财政部门吊销会计从业资格证书。

有关法律对第一款所列行为的处罚另有规定的，依照有关法律的规定办理。

第四十三条　伪造、变造会计凭证、会计账簿，编制虚假财务会计报告，构成犯罪的，依法追究刑事责任。

有前款行为，尚不构成犯罪的，由县级以上人民政府财政部门予以通报，可以对单位并处五千元以上十万元以下的罚款；对其直接负责的主管人员和其他直接责任人员，可以处三千元以上五万元以下的罚款；属于国家工作人员的，还应当由其所在单位或者有关单位依法给予撤职直至开除的行政处分；对其中的会计人员，并由县级以上人民政府财政部门吊销会计从业资格证书。

第四十四条　隐匿或者故意销毁依法应当保存的会计凭证、会计账簿、财务会计报告，构成犯罪的，依法追究刑事责任。

有前款行为，尚不构成犯罪的，由县级以上人民政府财政部门予以通报，可以对单位并处五千元以上十万元以下的罚款；对其直接负责的主管人员和其他直接责任人员，可以处三千元以上五万元以下的罚款；属于国家工作人员的，还应当由其所在单位或者有关单位依法给予撤职直至开除的行政处分；对其中的会计人员，并由县级以上人民政府财政部门吊销会计从业资格证书。

第四十五条　授意、指使、强令会计机构、会计人员及其他人员伪造、变造会计凭证、会计账簿，编制虚假财务会计报告或者隐匿、故意销毁依法应当保存的会计凭证、会计账簿、财务会计报告，构成犯罪的，依法追究刑事责任；尚不构成犯罪的，可以处五千元以上五万元以下的罚款；属于国家工作人员的，还应当由其所在单位或者有关单位依法给予降级、撤职、开除的行政处分。

第四十六条　单位负责人对依法履行职责、抵制违反本法规定行为的会计人员以降级、撤职、调离工作岗位、解聘或者开除等方式实行打击报复，构成犯罪的，依法追究刑事责任；尚不构成犯罪的，由其所在单位或者有关单位依法给予行政处分。对受打击报复的会计人员，应当恢复其名誉和原有职务、级别。

第四十七条　财政部门及有关行政部门的工作人员在实施监督管理中滥用职权、玩忽职守、徇私舞弊或者泄露国家秘密、商业秘密，构成犯罪的，依法追究刑事责任；尚不构成犯罪的，依法给予行政处分。

第四十八条　违反本法第三十条规定，将检举人姓名和检举材料转给被检举单位和被检举人个人的，由所在单位或者有关单位依法给予行政处分。

第四十九条　违反本法规定，同时违反其他法律规定的，由有关部门在各自职权范围内依法进行处罚。

第七章　附则

第五十条　本法下列用语的含义：

单位负责人，是指单位法定代表人或者法律、行政法规规定代表单位行使职权的主要负责人。

国家统一的会计制度，是指国务院财政部门根据本法制定的关于会计核算、会计监督、会计机构和会计人员以及会计工作管理的制度。

第五十一条　个体工商户会计管理的具体办法，由国务院财政部门根据本法的原则另行规定。

第五十二条　本法自 2000 年 7 月 1 日起施行。

附录二　正确填写票据和结算凭证的基本规定

（中国人民银行《支付结算办法》节选）

银行、单位和个人填写的各种票据和结算凭证是办理支付结算和现金收付的重要依据，直接关系到支付结算的准确、及时和安全。票据和结算凭证是银行、单位和个人凭以记载账务的会计凭证，是记载经济业务和明确经济责任的一种书面证明。因此，填写票据和结算凭证，必须做到标准化、规范化，要要素齐全、数字正确、字迹清晰、不错漏、不潦草，防止涂改。

一、中文大写金额数字应用正楷或行书填写，如壹（壹）、贰（贰）、叁（叁）、肆（肆）、伍（伍）、陆（陆）、柒、捌、玖、拾、佰、仟、万（万）、亿、元、角、分、零、整（正）等字样。不得用一、二（两）、三、四、五、六、七、八、九、十、念、毛、另（或 0）填写，不得自造简化字。如果金额数字书写中使用繁体字，如贰、陆、亿、万、圆的，也应受理。

二、中文大写金额数字到"元"为止的，在"元"之后，应写"整"（或"正"）字，在"角"之后可以不写"整"（或"正"）字。大写金额数字有"分"的，"分"后面不写"整"（或"正"）字。

三、中文大写金额数字前应标明"人民币"字样，大写金额数字应紧接"人民币"字样填写，不得留有空白。大写金额数字前未印"人民币"字样的，应加填"人民币"三字。在票据和结算凭证大写金额栏内不得预印固定的"仟、佰、拾、万、仟、佰、拾、元、角、分"字样。

四、阿拉伯小写金额数字中有"0"时，中文大写应按照汉语语言规律、金额数字构成和防止涂改的要求进行书写。举例如下：

（一）阿拉伯数字中间有"0"时，中文大写金额要写"零"字。如￥1 409.50，应写成人民币壹仟肆佰零玖元伍角。

（二）阿拉伯数字中间连续有几个"0"时，中文大写金额中间可以只写一个"零"字。如￥6 007.14，应写成人民币陆仟零柒元壹角肆分。

（三）阿拉伯金额数字万位或元位是"0"，或者数字中间连续有几个"0"，万位、元位也是"0"，但千位、角位不是"0"时，中文大写金额中可以只写一个零字，也可以不写"零"字。如￥1 680.32，应写成人民币壹仟陆佰捌拾元零叁角贰分，或者写成人民币壹仟陆佰捌拾元叁角贰分；又如￥107 000.53，应写成人民币壹拾万柒仟元零伍角叁分，或者写成人民币壹拾万零柒仟元伍角叁分。

（四）阿拉伯金额数字角位是"0"，而分位不是"0"时，中文大写金额"元"后面应写"零"字。如￥16 409.02，应写成人民币壹万陆仟肆佰零玖元零贰分；又如￥325.04，应写成人民币叁佰贰拾伍元零肆分。

五、阿拉伯小写金额数字前面，均应填写人民币符号"￥"。阿拉伯小写金额数字要认真填写，不得连写以防分辨不清。

六、票据的出票日期必须使用中文大写。为防止变造票据的出票日期，在填写月、日时，月为壹、贰和壹拾的，日为壹至玖和壹拾、贰拾和叁拾的，应在其前加"零"；日为拾壹至拾玖的，应在其前加"壹"。如1月15日，应写成零壹月壹拾伍日。再如10月20日，应写成零壹拾月零贰拾日。

七、票据出票日期使用小写填写的，银行不予受理。大写日期未按要求规范填写的，银行可予受理，但由此造成损失的，由出票人自行承担。

附录三 会计基础工作规范

（1996 年 6 月 17 日 中华人民共和国国务院颁布）

第一章 总则

第一条 为了加强会计基础工作，建立规范的会计工作秩序，提高会计工作水平，根据《中华人民共和国会计法》的有关规定，制定本规范。

第二条 国家机关、社会团体、企业、事业单位、个体工商户和其他组织的会计基础工作，应当符合本规范的规定。

第三条 各单位应当依据有关法律、法规和本规范的规定，加强会计基础工作，严格执行会计法规制度，保证会计工作依法有序地进行。

第四条 单位领导人对本单位的会计基础工作负有领导责任。

第五条 各省、自治区、直辖市财政厅（局）要加强对会计基础工作的管理和指导，通过政策引导、经验交流、监督检查等措施，促进基层单位加强会计基础工作，不断提高会计工作水平。

国务院各业务主管部门根据职责权限管理本部门的会计基础工作。

第二章 会计机构和会计人员

第一节 会计机构设备和会计人员配备

第六条 各单位应当根据会计业务的需要设置会计机构；不具备单独设置会计机构条件的，应当在有关机构中配备专职会计人员。

事业行政单位会计机构的设置和会计人员的配备应当符合国家统一事业行政单位会计制度的规定。

设置会计机构，应当配备会计机构负责人；在有关机构中配备专职会计人员，应当在专职会计人员中指定会计主管人员。

会计机构负责人会计主管人员任免，应当符合《中华人民共和国会计法》和有关法律的规定。

第七条 会计机构负责人、会计主管人员应当具备下列基本条件：

（一）坚持原则，廉洁奉公；

（二）具有会计专业技术资格；

（三）主管一个单位或者单位内一个重要方面的财务会计工作时间不少于二年；

（四）熟悉国家财经法律、法规、规章和方针、政策，掌握本行业业务管理的有关知识；

（五）有较强的组织能力；

（六）身体状况能够适应本职工作的要求。

第八条　没有设置会计机构和配备会计人员的单位，应当根据《代理记账管理暂行办法》委托会计事务所或者有代理记账许可证书的其他代理记账机构进行代理记账。

第九条　大、中型企业、事业单位、业务主管部门应当根据法律和国家有关规定设置总会计师。总会计师由具有会计师以上专业技术资格的人员担任。

总会计师行使《总会计师条例》规定的职责、权限。

总会计师的任命（聘任）、免职（解聘）依照《总会计师条例》和有关法律的规定办理。

第十条　各单位应当根据会计业务需要配备持有会计证的会计人员。未取得会计证的人员，不得从事会计工作。

第十一条　各单位应当根据会计业务需要设置会计工作岗位。

会计工作岗位一般可分为：会计机构负责人或者会计主管人员，出纳，财产物资核算，工资核算，成本费用核算，财务成果核算，资金核算，往来结算，总账报表，稽核，档案管理等。开展会计电算化和管理会计的单位，可以根据需要设置相应工作岗位，也可以与其他工作岗位相结合。

第十二条　会计工作岗位，可以一人一岗、一人多岗或者一岗多人。但出纳人员不得兼管稽核、会计档案保管和收入、费用、债权债务账目的登记工作。

第十三条　会计人员的工作岗位应当有计划地进行轮换。

第十四条　会计人员应当具备必要的专业知识和专业技术，熟悉国家有关法律、法规、规章和国家统一会计制度，遵守职业道德。

会计人员应当按照国家有关规定参加会计业务的培训。各单位应当合理安排会计人员的培训，保证会计人员每年有一定时间用于学习和参加培训。

第十五条　各单位领导人应当支持会计机构、会计人员依法行使职责；对忠于职守，坚持原则，做出显著成绩的会计机构、会计人员，应当给予精神和物质的奖励。

第十六条　国家机关、国有企业、事业单位任用会计人员应当实行回避制度。

单位领导人的直系亲属不得担任本单位的会计机构负责人、会计主管人员。会计机构负责人、会计主管人员的直系亲属不得在本单位会计机构中担任出纳工作。

需要回避的直系亲属：夫妻关系、直系血亲关系、三代以内旁系血亲以及配偶亲关系。

第二节　会计人员职业道德

第十七条　会计人员在会计工作中应当遵守职业道德，树立良好的职业品质、严谨的工作作风，严守工作纪律，努力提高工作效率和工作质量。

第十八条　会计人员应当热爱本职工作，努力钻研业务，使自己的知识和技能适应所从事工作的要求。

第十九条　会计人员应当熟悉财经法律、法规、规章和国家统一会计制度，并结合会计工作进行广泛宣传。

第二十条　会计人员应当按照会计法律、法规和国家统一会计制度规定的程序和要求进行会计工作，保证所提供的会计信息合法、真实、准确、及时、完整。

第二十一条　会计人员办理会计事务应当实事求是、客观公正。

第二十二条　会计人员应当熟悉本单位的生产经营和业务管理情况，运用掌握的会计信息和会计方法，为改善单位内部管理、提高经济效益服务。

第二十三条　会计人员应当保守本单位商业秘密。除法律规定和单位领导人同意外，不能私自向外界提供或者泄露单位的会计信息。

第二十四条　财政部门、业务主管部门和各单位应当定期检查会计人员遵守职业道德的情况，并作为会计人员晋升、晋级、聘任专业职务、表彰奖励的重要考核依据。

会计人员违反职业道德的，由所在单位进行处罚；情节严重的，由会计证发证机关吊销其会计证。

第三节　会计工作交接

第二十五条　会计人员工作调动或者因故离职，必须将本人所经管的会计工作全部移交给接替人员。没有办清交接手续的，不得调动或者离职。

第二十六条　接替人员应当认真接管移交工作，并继续办理移交的未了事项。

第二十七条　会计人员办理移交手续，必须及时做好以下工作：

（一）已经受理的经济业务尚未填制会计凭证的，应当填制完毕。

（二）尚未登记的账目，应当登记完毕，并在最后一笔余额后加盖经办人员印章。

（三）整理应该移交的各项资料，对未了事项写出书面材料。

（四）编制移交清册，列明应当移交的会计凭证、会计账簿、会计报表、印章、现金、有价证券、支票簿、发票、文件、其他会计资料和物品等内容；实行会计电算化的单位，从事该项工作的移交人还应当在移交清册中列明会计软件及密码、会计软件数据磁盘（磁带等）及有关资料、实物等内容。

第二十八条　会计人员办理交接手续，必须由监交人负责监交。一般会计人员交接，由单位会计机构负责人、会计主管人员负责监交；会计机构负责人、会计主管人员交接，由单位领导人负责监交，必要时可由上级主管部门派人会同监交。

第二十九条　移交人员在办理移交时，要按移交注册逐项移交；接替人员要逐项核对点收。

（一）现金、有价证券要根据会计账簿有关记录进行点交。库存现金、有价证券必须与会计账簿记录保持一致。不一致时，移交人员必须限期查清。

（二）会计凭证、会计账簿、会计报表和其他会计资料必须完整无缺，必须查清原因，并在移交注册中注明，由移交人员负责。

（三）银行存款账户余额要与银行对账单核对，如不一致，应当编制银行存款余额调节表调节相符，各种财产物资和债权债务的明细账户余额要与总账有关账户余额核对相符；必要时，要抽查个别账户的余额，与实物核对相符，或者与往来单位、个人核对清楚。

（四）移交人员经管的票据、印章和其他实物等，必须交接清楚；移交人员从事会计电算化工作的，要对有关电子数据在实际操作状态下进行交接。

第三十条　会计机构负责人、会计主管人员移交时，还必须将全部财务会计工作、重大财务收支和会计人员的情况等，向接替人员详细介绍。对需要移交的遗留问题，应当写出书面材料。

第三十一条　交接完毕后，交接双方和监交人员要在移交清册上签名或者盖章。并应在移交清册上注明：单位名称，交接日期，交接双方和监交人员的职务、姓名，移交清册页数以及需要说明的问题和意见等。

移交清册一般应当填制一式三份，交接双方各执一份，存档一份。

第三十二条　接替人员应当继续使用移交的会计账簿，不得自行另立新账，以保持会计记录的连续性。

第三十三条　会计人员临时离职或者因病不能工作且需要接替或者代理的，会计机构负责人、会计主管人员或者单位领导人必须指定有关人员接替或者代理，并办理交接手续。

临时离职或者因病不能工作的会计人员恢复工作的，应当与接替或者代理人员办理交接手续。

移交人员因病或者其他特殊原因不能亲自办理移交的，经单位领导人批准，可由移交人员委托他人代办移交，但委托人应当承担本规范第三十五条规定的责任。

第三十四条　单位撤销时，必须留有必要的会计人员，会同有关人员办理清理工作，编制决算。未移交前，不得离职。接收单位和移交日期由主管部门确定。

单位合并、分立的，其会计工作交接手续比照上述有关规定办理。

第三十五条　移交人员对所移交的会计凭证、会计账簿、会计报表和其他有关资料的合法性、真实性承担法律责任。

第三章　会计核算

第一节　会计核算一般要求

第三十六条　各单位应当按照《中华人民共和国会计法》和国家统一会计制度的规定建立会计账册，进行会计核算，及时提供合法、真实、准确、完整的会计信息。

第三十七条　各单位发生的下列事项，应当及时办理会计手续、进行会计核算：

（一）款项和有价证券的收付；

（二）财物的收发、增减和使用；

（三）债权债务的发生和结算；

（四）资本、基金的增减；

（五）收入、支出、费用、成本的计算；

（六）财务成果的计算和处理；

（七）其他需要办理会计手续、进行会计核算的事项。

第三十八条　各单位的会计核算应当以实际发生的经济业务为依据，按照规定的会计处理方法进行，保证会计指标的口径一致、相互可比和会计处理方法的前后各期相一致。

第三十九条　会计年度自公历一月一日起至十二月三十一日止。

第四十条　会计核算以人民币为记账本位币。

收支业务以外国货币为主的单位，也可以选定某种外国货币作为记账本位币，但是编制的会计报表应当折算为人民币反映。

境外单位向国内有关部门编报的会计报表，应当折算为人民币反映。

第四十一条　各单位根据国家统一会计制度的要求，在不影响会计核算要求、会计报表指标汇总和对外统一会计报表的前提下，可以根据实际情况自行设置和使用会计科目。

事业行政单位会计科目的设置和使用，应当符合国家统一事业行政单位会计制度的规定。

第四十二条　会计凭证、会计账簿、会计报表和其他会计资料的内容和要求必须符合国家统一会计制度的规定，不得伪造、变造会计凭证、会计账簿，不得设置账外账，不得报送虚假会计报表。

第四十三条　各单位对外报送的会计报表格式由财政部统一规定。

第四十四条　实行会计电算化的单位，对使用的会计软件及其生成的会计凭证、会计账簿、会计报表和其他会计资料的要求，应当符合财政部关于会计电算化的有关规定。

第四十五条　各单位的会计凭证、会计账簿、会计报表和其他会计资料，应当建立档案，妥善保管。会计档案建档要求、保管期限、销毁办法等依据《会计档案管理办法》的规定进行。

实行会计电算化的单位，有关电子数据、会计软件资料等应当作为会计档案进行管理。

第四十六条　会计记录的文字应当使用中文，少数民族自治地区可以同时使用少数民族文字。中国境内的外商投资企业、外国企业和其他外国经济组织也可以同时使用某种外国文字。

第二节　填制会计凭证

第四十七条　各单位办理本规范第三十七条规定的事项，必须取得或者填制原始凭证，并及时送交会计机构。

第四十八条　原始凭证的基本要求是：

（一）原始凭证的内容必须具备：凭证的名称；填制凭证的日期；填制凭证单位名称或者填制人姓名；经办人员的签名或者盖章；接受凭证单位名称；经济业务内容；数量、单价和金额。

（二）从外单位取得的原始凭证，必须盖有填制单位的公章；从个人取得的原始凭证，必须有填制人员的签名或者盖章。自制原始凭证必须有经办单位领导人或者其指定的人员签名或者盖章。对外开出的原始凭证，必须加盖本单位公章。

（三）凡填有大写和小写金额的原始凭证，大写与小写金额必须相符。购买实物的原始凭证，必须有验收证明。支付款项的原始凭证，必须有收款单位和收款人的收款证明。

（四）一式几联的原始凭证，应当注明各联的用途，只能以一联作为报销凭证。

一式几联的发票和收据，必须用双面复写纸（发票和收据本身具备复写纸功能的除外）套写，并连续编号。作废时应当加盖"作废"戳记，连同存根一起保存，不得撕毁。

（五）发生销货退回的，除填制退货发票外，还必须有退货验收证明；退款时，必须取得对方的收款收据或者汇款银行的凭证，不得以退货发票代替收据。

（六）职工公出借款凭据，必须附在记账凭证之后。收回借款时，应当另开收据或者退还借据副本，不得退还原借款收据。

（七）经上级有关部门批准的经济业务，应当将批准文件作为原始凭证附件。如果批准文件需要单独归档的，应当在凭证上注明批准机关名称、日期和文件字号。

第四十九条　原始凭证不得涂改、挖补。发现原始凭证有错误的，应当由开出单位重开或者更正，更正处应当加盖开出单位的公章。

第五十条　会计机构、会计人员要根据审核无误的原始凭证填制记账凭证。

记账凭证可以分为收款凭证、付款凭证和转账凭证，也可以使用通用记账凭证。

第五十一条　记账凭证的基本要求是：

（一）记账凭证的内容必须具备：填制凭证的日期；凭证编号；经济业务摘要；会计科目；金额；所附原始凭证张数；填制凭证人员、稽核人员、记账人员、会计机构负责人、会计主管人员签名或者盖章。收款和付款记账凭证还应当由出纳人员签名或者盖章。

以自制的原始凭证或者原始凭证汇总表代替记账凭证的，也必须具备记账凭证应有的项目。

（二）填制记账凭证时，应当对记账凭证进行连续编号。一笔经济业务需要填制两张以上记账凭证的，可以采用分数编号法编号。

（三）记账凭证可以根据每一张原始凭证填制，或者根据若干张同类原始凭证汇总填制，也可以根据原始凭证汇总表填制。但不得将不同内容和类别的原始凭证汇总填制在一张记账凭证上。

（四）除结账和更正错误的记账凭证可以不附原始凭证外，其他记账必须附有原始凭证。如果一张原始凭证涉及几张记账凭证，可以把原始凭证附在一张主要的记账凭证后面，并在其他记账凭证上注明附有该原始凭证的记账凭证的编号或者附有原始凭证复印件。

一张原始凭证所列支出需要几个单位共同负担的，应当将其他单位负担的部分，开给对方原始凭证分割单，进行结算。原始凭证分割单必须具备原始凭证的基本内容：凭证名称、填制凭证日期、填制凭证单位名称或者填制人姓名、经办人的签名或者盖章、接受凭证单位名称、经济业务内容、数量、单价、金额和费用分摊情况等。

（五）如果在填制记账凭证时发生错误，应当重新填制。

已经登记入账的记账凭证，在当年内发现填写错误时，可以用红字填写一张与原内容相同的记账凭证，在摘要栏注明"注销某月某日某号凭证"字样，同时再用蓝字重新填制一张正确的记账凭证，注明"订正某月某日某号凭证"字样。如果会计科目没有错误，只是金额错误，也可以将正确数字与错误数字之间的差额，另编一张调整的记账凭证，调增金额用蓝字，调减金额用红字。发现以前年度记账凭证有错误的，应当用蓝字填制一张更正的记账凭证。

（六）记账凭证填制完经济业务事项后，如有空行，应当自金额栏最后一笔金额数字下的空行处至合计数上的空行处划线注销。

第五十二条　填制会计凭证，字迹必须清晰、工整，并符合下列要求：

（一）阿拉伯数字应当一个一个地写，不得连笔写。阿拉伯金额数字前面应当书写货币币种符号或者货币名称简写和币种符号。币种符号与阿拉伯金额数字之间不得留有空白。凡阿拉伯数字前写有币种符号的，数字后面不得再写货币单位。

（二）所有以元为单位（其他货币种类为货币基本单位，下同）的阿拉伯数字，除表示单价等情况外，一律填写到角分；无角分的，角位和分位可写"00"，或者符号"－"；有角无分的，分位应当写"0"，不得用符号"－"代替。

（三）汉字大写数字金额如零、壹、贰、叁、肆、伍、陆、柒、捌、玖、拾、佰、仟、万、亿等，一律用正楷或者行书体书写，不得用0、一、二、三、四、五、六、七、八、九、十等简写字代替，不得任意自造简化字。大写金额数字到元或者角为止的，在"元"或者"角"字之后应当写"整"字或者"正"字；大写金额数字有分的，分字后面不写"整"或者"正"字。

（四）大写金额数字前未印有货币名称的，应当加填货币名称，货币名称与金额数字之间不得留有空白。

（五）阿拉伯金额数字中间有"0"时，汉字大写金额要写"零"字；阿拉伯数字金额中连续有几个"0"时，汉字大写金额中可以只写一个"零"字；阿拉伯金额数字元位是"0"，或者数字中间连续有几个"0"、元位也是"0"但角位不是"0"时，汉字大写金额可以只写一个"零"字，也可以不写"零"字。

第五十三条　实行会计电算化的单位，对于机制记账凭证，要认真审核，做到会计科目使用正确，数字准确无误。打印出的机制记账凭证要加盖制单人员、审核人员、记账人员及会计机构负责人、会计主管人员印章或者签字。

第五十四条　各单位会计凭证的传递程序应当科学、合理，具体办法由各单位根据会计业务需要自行规定。

第五十五条　会计机构、会计人员要妥善保管会计凭证。

（一）会计凭证应当及时传递，不得积压。

（二）会计凭证登记完毕后，应当按照分类和编号顺序保管，不得散乱丢失。

（三）记账凭证应当连同所附的原始凭证或者原始凭证汇总表，按照编号顺序，折叠整齐，按期装订成册，并加具封面，注明单位名称、年度、月份和起讫日期、凭证种类、起讫号码，由装订人在装订线封签处签名或者盖章。

对于数量过多的原始凭证，可以单独装订保管，在封面上注明记账凭证日期、编号、种类，同时在记账凭证上注明"附件另订"和原始凭证名称及编号。

各种经济合同、存出保证金收据以及涉外文件等重要原始凭证，应当另编目录，单独登记保管，并在有关的记账凭证和原始凭证上相互注明日期和编号。

（四）原始凭证不得外借，其他单位如因特殊原因需要使用原始凭证时，经本单位会计机构负责人、会计主管人员批准，可以复制。向外单位提供的原始凭证复制件，应当在专设的登记簿上登记，并由提供人员和收取人员共同签名或者盖章。

（五）从外单位取得的原始凭证如有遗失，应当取得原开出单位盖有公章的证明，并注明原来凭证的号码、金额和内容等，由经办单位会计机构负责人、会计主管人员和单位领导人批准后，才能代作原始凭证。如果确实无法取得证明的，如火车、轮船、飞机票等凭证，由当事人写出详细情况，由经办单位会计机构负责人、会计主管人员和单位领导人批准后，代作原始凭证。

第三节　登记会计账簿

第五十六条　各单位应当按照国家统一会计制度的规定和会计业务的需要设置会计账

簿。会计账簿包括总账、明细账、日记账和其他辅助性账簿。

第五十七条　现金日记账和银行存款日记账必须采用订本式账簿。不得用银行对账单或者其他方式代替日记账。

第五十八条　实行会计电算化的单位，用计算机打印的会计账簿必须连续编号，经审核无误后装订成册，并由记账人员和会计机构负责人、会计主管人员签字或者盖章。

第五十九条　启用会计账簿时，应当在账簿封面上写明单位名称和账簿名称。在账簿扉页上应当附启用表，内容包括：启用日期、账簿页数、记账人员和会计机构负责人、会计主管人员姓名，并加盖名章和单位公章。记账人员或者会计机构负责人、会计主管人员调动工作时，应当注明交接日期、接办人员或者监交人员姓名，并由交接双方人员签名或者盖章。

启用订本式账簿，应当从第一页到最后一页顺序编写页数，不得跳页、缺号。使用活页式账页，应当按账户顺序编号，并须定期装订成册。装订后再按实际使用的账页顺序编写页码，另加目录，记明每个账户的名称和页次。

第六十条　会计人员应当根据审核无误的会计凭证登记会计账簿。登记账簿的基本要求是：

（一）登记会计账簿时，应当将会计凭证日期、编号、业务内容摘要、金额和有关资料逐项记入账内、做到数字准确、摘要清楚、登记及时、字迹工整。

（二）登记完毕后，要在记账凭证上签名或者盖章，并注明已经登账的符号，表示已经记账。

（三）账簿中书写的文字和数字上面要留有适当空格，不要写满格，一般应占格距的二分之一。

（四）登记账簿要用蓝黑墨水或者碳素墨水书写，不得使用圆珠笔（银行的复写账簿除外）或者铅笔书写。

（五）下列情况，可以用红色墨水记账：

1. 按照红字冲账的记账凭证，冲销错误记录；

2. 在不设借贷等栏的多栏式账页中，登记减少数；

3. 在三栏式账户的余额栏前，如未印明余额方向的，在余额栏内登记负数余额；

4. 根据国家统一会计制度的规定可以用红字登记的其他会计记录。

（六）各种账簿按页次顺序连续登记，不得跳行、隔页。如果发生跑行、隔页，应当将空行、空页划线注销，或者注明"此行空白"、"此页空白"字样，并由记账人员签名或者盖章。

（七）凡需要结出余额的账户，结出余额后，应当在"借或贷"等栏内写明"借"或者"贷"等字样。没有余额的账户，应当在"借或贷"等栏内写"平"字，并在余额栏内用"0"表示。

现金日记账和银行存款日记账必须逐日结出余额。

（八）每一账页登记完毕结转下页时，应当结出本页合计数及余额，写在本页最后一行和下页第一行有关栏内，并在摘要栏内分别注明"过次页"和"承前页"字样；也可以将本页合计数及金额只写在下页第一行有关栏内，并在摘要栏内注明"承前页"字样。

对需要结计本月发生额的账户，结计"过次页"的本页合计数应当为自本月初起至本页末止发生额合计数；对需要结计本年累计发生额的账户，结计"过次页"的本页合计数应当为自年初起至本页末止的累计数；对既不需要结计本月发生额也不需要结计本年累计发生额的账户，可以只将每页末的余额转次页。

第六十一条　实行会计电算化的单位，总账和明细账应当定期打印。

发生收款和付款业务的，在输入收款凭证和付款凭证的当天必须打印出现金日记、银行存款日记账，并与库存现金核对无误。

第六十二条　账簿记录发生错误，不准涂改、挖补、刮擦或者用药水消除字迹，不准重新抄写，必须按照下列方法进行更正：

（一）登记账簿时发生错误，应当将错误的文字或者数字划上红线注销，但必须使原有字迹仍可辨认；然后在划线上方填写正确的文字或者数字，并由记账人员在更正处盖章。对于错误的数字，应当全部划红线更正，不得只更正其中的错误数字。对于文字错误，可只划去错误的部分。

（二）由于记账凭证错误而使账簿记录发生错误，应当按更正的记账凭证登记账簿。

第六十三条　各单位应当定期对会计账簿记录的有关数字与库存实物、货币资金、有价证券、往来单位或者个人进行相互核对，保证账证相符、账账相符、账实相符。对账工作每年至少进行一次。

（一）账证核对。核对会计账簿记录与原始凭证、记账凭证的时间、凭证字号、内容、金额是否一致，记账方向是否相符。

（二）账账核对。核对不同会计账簿之间的账簿记录是否相符，包括：总账有关账户的余额核对，总账与明细账核对，总账与日记账核对，会计部门的财产物资明细账与财产物资保管和使用部门的有关明细账核对等。

（三）账实核对。核对会计账簿记录与财产等实有数额是否相符。包括：现金日记账账面余额与现金实际库存数相核对；银行存款日记账账面余额定期与银行对账单相核对；各种应收、应付款明细账账面余额与有关债务、债权单位或者个人核对等。

第六十四条　各单位应当按照规定定期结账。

（一）结账前，必须将本期内所发生的各项经济业务全部登记入账。

（二）结账时，应当结出每个账户的期末余额。需要结出当月发生额的，应当在摘要栏内注明"本月合计"字样，并在下面通栏划单红线。需要结出本年累计发生额的，应当在摘要栏内注明"本年累计"字样，并在下面通栏划单红线；十二月末的"本年累计"就是全年累计发生额。全年累计发生额下面应当通栏划双红线。年度终了结账时，所有总账账户都应当结出全年发生额和年末余额。

（三）年度终了，要把各账户的余额转到下一会计年度，并在摘要栏注明"结转下年"字样；在下一会计年度新建有关会计账簿的第一行余额栏内填写上年结转的余额，并在摘要栏注明"上年结转"字样。

第四节　编制财务报告

第六十五条　各单位必须按照国家统一会计制度的规定定期编制财务报告。

财务报告包括会计报表及其说明。会计报表包括会计报表主表、会计报表附表、会计报表附注。

第六十六条　各单位对外报送的财务报告应当根据国家统一会计制度规定的格式和要求编制。

单位内部使用的财务报告，其格式和要求由各单位自行规定。

第六十七条　会计报表应当根据登记完整、核结无误的会计账簿记录和其他有关资料编制，做到数字真实、计算准确、内容完整、说明清楚。

任何人不得篡改或者授意、指使、强令他人篡改会计报表的有关数字。

第六十八条　会计报表之间、会计报表各项目之间，凡有对应关系的数字，应当相互一致。本期会计报表与上期会计报表之间有关的数字应当相互衔接。如果不同会计年度会计报表中各项目的内容和核算方法有变更的，应当在年度会计报表中加以说明。

第六十九条　各单位应当按照国家统一会计制度的规定认真编写会计报表附注及其说明，做到项目齐全，内容完整。

第七十条　各单位应当按照国家规定的期限对外报送财务报告。

对外报送的财务报告，应当依次编写页码，加具封面，装订成册，加盖公章。封面上应当注明：单位名称，单位地址，财务报告所属年度、季度、月度、送出日期，并由单位领导人、总会计师、会计机构负责人、会计主管人员签名或者盖章。

单位领导人对财务报告的合法性、真实性负法律责任。

第七十一条　根据法律和国家有关规定应当对财务报告进行审计的，财务报告编制单位应当先行委托注册会计师进行审计，并将注册会计师出具的审计报告随同财务报告按照规定的期限报送有关部门。

第七十二条　如果发现对外报送的财务报告有错误，应当及时办理更正手续。除更正本单位留存的财务报告外，并应同时通知接受财务报告的单位更正。错误较多的，应当重新编报。

第四章　会计监督

第七十三条　各单位的会计机构、会计人员对本单位的经济活动进行会计监督。

第七十四条　会计机构、会计人员进行会计监督的依据是：

（一）财经法律、法规、规章；

（二）会计法律、法规和国家统一会计制度；

（三）各省、自治区、直辖市财政厅（局）和国务院业务主管部门根据《中华人民共和国会计法》和国家统一会计制度制定的具体实施办法或者补充规定；

（四）各单位根据《中华人民共和国会计法》和国家统一会计制度制定的单位内部会计管理制度；

（五）各单位内部的预算、财务计划、经济计划、业务计划等。

第七十五条　会计机构、会计人员应当对原始凭证进行审核和监督。

对不真实、不合法的原始凭证，不予受理。对弄虚作假、严重违法的原始凭证，在不予受理的同时，应当予以扣留，并及时向单位领导人报告，请求查明原因，追究当事人的责任。

对记载不准确、不完整的原始凭证，予以退回，要求经办人员更正、补充。

第七十六条　会计机构、会计人员伪造、变造、故意毁灭会计账簿或者账外设账行为，应当制止和纠正；制止和纠正无效的，应当向上级主管单位报告，请求作出处理。

第七十七条　会计机构、会计人员应当对实物、款项进行监督，督促建立并严格执行财产清查制度。发现账簿记录与实物、款项不符时，应当按照国家有关规定进行处理。超出会计机构、会计人员职权范围的，应当立即向本单位领导报告，请求查明原因，作出处理。

第七十八条　会计机构、会计人员对指使、强令编造、篡改财务报告行为，应当制止和纠正；制止和纠正无效的，应当向上级主管单位报告，请求处理。

第七十九条　会计机构、会计人员应当对财务收支进行监督。

（一）对审批手续不全的财务收支，应当退回，要求补充、更正。

（二）对违反规定不纳入单位统一会计核算的财务收支，应当制止和纠正。

（三）对违反国家统一的财政、财务、会计制度规定的财务收支，不予办理。

（四）对认为是违反国家统一的财政、财务、会计制度规定的财务收支，应当制止和纠正；制止和纠正无效的，应当向单位领导人提出书面意见请求处理。

单位领导人应当在接到书面意见起十日内作出书面决定，并对决定承担责任。

（五）对违反国家统一的财政、财务、会计制度规定的财务收支，不予制止和纠正，又不向单位领导人提出书面意见的，也应当承担责任。

（六）对严重违反国家利益和社会公众利益的财务收支，应当向主管单位或者财政、审计、税务机关报告。

第八十条　会计机构、会计人员对违反单位内部会计管理制度的经济活动，应当制止和纠正；制止和纠正无效的，向单位领导人报告，请求处理。

第八十一条　会计机构、会计人员应当对单位制定的预算、财务计划、经济计划、业务计划的执行情况进行监督。

第八十二条　各单位必须依照法律和国家有关规定接受财政、审计、税务等机关的监督，如实提供会计凭证、会计账簿、会计报表和其他会计资料以及有关情况，不得拒绝、隐匿、谎报。

第八十三条　按照法律规定应当委托注册会计师进行审计的单位，应当委托注册会计师进行审计，并配合注册会计师的工作，如实提供会计凭证、会计账簿、会计报表和其他会计资料以及有关情况，不得拒绝、隐匿、谎报，不得示意注册会计师出具不当的审计报告。

第五章　内部会计管理制度

第八十四条　各单位应当根据《中华人民共和国会计法》和国家统一会计制度的规定，结合单位类型和内部管理的需要，建立健全相应的内部会计管理制度。

第八十五条　各单位制定内部会计管理制度应当遵循下列原则：

（一）应当执行法律、法规和国家统一的财务会计制度。

（二）应当体现本单位的生产经营、业务管理的特点和要求。

（三）应当全面规范本单位的各项会计工作，建立健全会计基础，保证会计工作的有序进行。

（四）应当科学、合理，便于操作和执行。

（五）应当定期检查执行情况。

（六）应当根据管理需要和执行中的问题不断完善。

第八十六条　各单位应当建立内部会计管理体系。主要内容包括：单位领导人、总会计师对会计工作的领导职责；会计部门及其会计机构负责人、会计主管人员的职责、权限；会计部门与其他职能部门的关系；会计核算的组织形式。

第八十七条　各单位应当建立会计人员岗位责任制度。主要内容包括：会计人员工作岗位设置；各会计工作岗位的职责和标准；各会计工作岗位的人员和具体分工；会计工作岗位轮换办法；对各会计工作岗位的考核办法。

第八十八条　各单位应当建立账务处理程序制度。主要内容包括：会计科目及其明细科目的设置和使用；会计凭证的格式、审核要求和传递程序；会计核算方法；会计账簿的设置；编制会计报表的种类和要求；单位会计指标体系。

第八十九条　各单位应当建立内部牵制制度。主要内容包括：内部牵制制度的原则；组织分工；出纳岗位的职责和限制条件；有关岗位的职责和权限。

第九十条　各单位应当建立稽核制度。主要内容包括：稽核工作的组织形式和具体分工；稽核工作的职责、权限；审核会计凭证和复核会计账簿、会计报表的方法。

第九十一条　各单位应当建立原始记录管理制度。主要内容包括：原始记录的内容和填制方法；原始记录的格式；原始记录的审核；原始记录填制人的责任；原始记录签署、传递、汇集要求。

第九十二条　各单位应当建立定额管理制度。主要内容包括：定额管理的范围；规定和修订定额的依据、程序和方法；定额的执行；定额考核和奖惩办法等。

第九十三条　各单位应当建立计量验收制度。主要内容包括：计量检测手段和方法；计量验收管理的要求；计量验收人员的责任和奖惩办法。

第九十四条　各单位应当建立财产清查制度。主要内容包括：财产清查的范围；财产清查的组织；财产清查的期限和方法；对财产清查中发现问题的处理办法；对财产管理人员的奖惩办法。

第九十五条　各单位应当建立财务收支审批制度。主要内容包括：财务收支审批人员和审批权限；财务收支审批程序；财务收支审批人员的责任。

第九十六条　实行成本核算的单位应当建立成本核算制度。主要内容包括：成本核算的对象；成本核算的方法和程序；成本分析等。

第九十七条　各单位应当建立财务会计分析制度。主要内容包括：财务会计分析的主要内容；财务会计分析的基本要求和组织程序；财务会计分析的具体方法；财务会计分析报告的编写要求等。

第六章　附则

第九十八条　本规范所称国家统一会计制度，是指由财政部制定或者财政部与国务院有关部门联合制定、或者经财政部审核批准的在全国范围内统一执行的会计规章、准则、办法等规范性文件。

本规范所称会计主管人员，是指不设置会计机构、只在其他机构中设置专职会计人员的单位行使会计机构负责人职权的人员。

本规范第三章第二节和第三节关于填制会计凭证、登记会计账簿的规定，除特别指出外，一般适用于手工记账。实行会计电算化的单位，填制会计凭证和登记会计账簿的有关要求，应当符合财政部关于会计电算化的有关规定。

第九十九条 各省、自治区、直辖市财政厅（局）、国务院各业务主管部门可以根据本规范的原则，结合本地区、本部门的具体情况，制定具体实施办法，报财政部备案。

第一百条 本规范由财政部负责解释、修改。

第一百零一条 本规范自发布之日起实施。1984年4月24日财政部发布的《会计人员工作规则》同时废止。

附录四 企业财务会计报告条例

（2006年6月21日 中华人民共和国国务院颁布）

第一章 总则

第一条 为了规范企业财务会计报告，保证财务会计报告的真实、完整，根据《中华人民共和国会计法》，制定本条例。

第二条 企业（包括公司，下同）编制和对外提供财务会计报告，应当遵守本条例。

本条例所称财务会计报告，是指企业对外提供的反映企业某一特定日期财务状况和某一会计期间经营成果、现金流量的文件。

第三条 企业不得编制和对外提供虚假的或者隐瞒重要事实的财务会计报告。

企业负责人对本企业财务会计报告的真实性、完整性负责。

第四条 任何组织或者个人不得授意、指使、强令企业编制和对外提供虚假的或者隐瞒重要事实的财务会计报告。

第五条 注册会计师、会计师事务所审计企业财务会计报告，应当依照有关法律、行政法规以及注册会计师执业规则的规定进行，并对所出具的审计报告负责。

第二章 财务会计报告的构成

第六条 财务会计报告分为年度、半年度、季度和月度财务会计报告。

第七条 年度、半年度财务会计报告应当包括：

（一）会计报表；

（二）会计报表附注；

（三）财务情况说明书。

会计报表应当包括资产负债表、利润表、现金流量表及相关附表。

第八条　季度、月度财务会计报告通常仅指会计报表，会计报表至少应当包括资产负债表和利润表。国家统一的会计制度规定季度、月度财务会计报告需要编制会计报表附注的，从其规定。

第九条　资产负债表是反映企业在某一特定日期财务状况的报表。资产负债表应当按照资产、负债和所有者权益（或者股东权益，下同）分类分项列示。其中，资产、负债和所有者权益的定义及列示应当遵循下列规定：

（一）资产，是指过去的交易、事项形成并由企业拥有或者控制的资源，该资源预期会给企业带来经济利益。在资产负债表上，资产应当按照其流动性分类分项列示，包括流动资产、长期投资、固定资产、无形资产及其他资产。银行、保险公司和非银行金融机构的各项资产有特殊性的，按照其性质分类分项列示。

（二）负债，是指过去的交易、事项形成的现时义务，履行该义务预期会导致经济利益流出企业。在资产负债表上，负债应当按照其流动性分类分项列示，包括流动负债、长期负债等。银行、保险公司和非银行金融机构的各项负债有特殊性的，按照其性质分类分项列示。

（三）所有者权益，是指所有者在企业资产中享有的经济利益，其金额为资产减去负债后的余额。在资产负债表上，所有者权益应当按照实收资本（或者股本）、资本公积、盈余公积、未分配利润等项目分项列示。

第十条　利润表是反映企业在一定会计期间经营成果的报表。利润表应当按照各项收入、费用以及构成利润的各个项目分类分项列示。其中，收入、费用和利润的定义及列示应当遵循下列规定：

（一）收入，是指企业在销售商品、提供劳务及让渡资产使用权等日常活动中所形成的经济利益的总流入。收入不包括为第三方或者客户代收的款项。在利润表上，收入应当按照其重要性分项列示。

（二）费用，是指企业为销售商品、提供劳务等日常活动所发生的经济利益的流出。在利润表上，费用应当按照其性质分项列示。

（三）利润，是指企业在一定会计期间的经营成果。在利润表上，利润应当按照营业利润、利润总额和净利润等利润的构成分类分项列示。

第十一条　现金流量表是反映企业一定会计期间现金和现金等价物（以下简称现金）流入和流出的报表。现金流量表应当按照经营活动、投资活动和筹资活动的现金流量分类分项列示。其中，经营活动、投资活动和筹资活动的定义及列示应当遵循下列规定：

（一）经营活动，是指企业投资活动和筹资活动以外的所有交易和事项。在现金流量表上，经营活动的现金流量应当按照其经营活动的现金流入和流出的性质分项列示；银行、保险公司和非银行金融机构的经营活动按照其经营活动特点分项列示。

（二）投资活动，是指企业长期资产的购建和不包括在现金等价物范围内的投资及其处置活动。在现金流量表上，投资活动的现金流量应当按照其投资活动的现金流入和流出的性质分项列示。

（三）筹资活动，是指导致企业资本及债务规模和构成发生变化的活动。在现金流量表上，筹资活动的现金流量应当按照其筹资活动的现金流入和流出的性质分项列示。

第十二条　相关附表是反映企业财务状况、经营成果和现金流量的补充报表，主要包括利润分配表以及国家统一的会计制度规定的其他附表。

利润分配表是反映企业一定会计期间对实现净利润以及以前年度未分配利润的分配或者亏损弥补的报表。利润分配表应当按照利润分配各个项目分类分项列示。

第十三条　年度、半年度会计报表至少应当反映两个年度或者相关两个期间的比较数据。

第十四条　会计报表附注是为便于会计报表使用者理解会计报表的内容而对会计报表的编制基础、编制依据、编制原则和方法及主要项目等所作的解释。会计报表附注至少应当包括下列内容：

（一）不符合基本会计假设的说明；

（二）重要会计政策和会计估计及其变更情况、变更原因及其对财务状况和经营成果的影响；

（三）或有事项和资产负债表日后事项的说明；

（四）关联方关系及其交易的说明；

（五）重要资产转让及其出售情况；

（六）企业合并、分立；

（七）重大投资、融资活动；

（八）会计报表中重要项目的明细资料；

（九）有助于理解和分析会计报表需要说明的其他事项。

第十五条　财务情况说明书至少应当对下列情况作出说明：

（一）企业生产经营的基本情况；

（二）利润实现和分配情况；

（三）资金增减和周转情况；

（四）对企业财务状况、经营成果和现金流量有重大影响的其他事项。

第三章　财务会计报告的编制

第十六条　企业应当于年度终了编报年度财务会计报告。国家统一的会计制度规定企业应当编报半年度、季度和月度财务会计报告的，从其规定。

第十七条　企业编制财务会计报告，应当根据真实的交易、事项以及完整、准确的账簿记录等资料，并按照国家统一的会计制度规定的编制基础、编制依据、编制原则和方法。

企业不得违反本条例和国家统一的会计制度规定，随意改变财务会计报告的编制基础、编制依据、编制原则和方法。

任何组织或者个人不得授意、指使、强令企业违反本条例和国家统一的会计制度规定，改变财务会计报告的编制基础、编制依据、编制原则和方法。

第十八条　企业应当依照本条例和国家统一的会计制度规定，对会计报表中各项会计要素进行合理的确认和计量，不得随意改变会计要素的确认和计量标准。

第十九条　企业应当依照有关法律、行政法规和本条例规定的结账日进行结账，不得提前或者延迟。年度结账日为公历年度每年的 12 月 31 日；半年度、季度、月度结账日分别为公历年度每半年、每季、每月的最后一天。

第二十条　企业在编制年度财务会计报告前，应当按照下列规定，全面清查资产、核实债务：

（一）结算款项，包括应收款项、应付款项、应交税金等是否存在，与债务、债权单位的相应债务、债权金额是否一致；

（二）原材料、在产品、自制半成品、库存商品等各项存货的实存数量与账面数量是否一致，是否有报废损失和积压物资等；

（三）各项投资是否存在，投资收益是否按照国家统一的会计制度规定进行确认和计量；

（四）房屋建筑物、机器设备、运输工具等各项固定资产的实存数量与账面数量是否一致；

（五）在建工程的实际发生额与账面记录是否一致；

（六）需要清查、核实的其他内容。

企业通过前款规定的清查、核实，查明财产物资的实存数量与账面数量是否一致、各项结算款项的拖欠情况及其原因、材料物资的实际储备情况、各项投资是否达到预期目的、固定资产的使用情况及其完好程度等。企业清查、核实后，应当将清查、核实的结果及其处理办法向企业的董事会或者相应机构报告，并根据国家统一的会计制度的规定进行相应的会计处理。

企业应当在年度中间根据具体情况，对各项财产物资和结算款项进行重点抽查、轮流清查或者定期清查。

第二十一条　企业在编制财务会计报告前，除应当全面清查资产、核实债务外，还应当完成下列工作：

（一）核对各会计账簿记录与会计凭证的内容、金额等是否一致，记账方向是否相符；

（二）依照本条例规定的结账日进行结账，结出有关会计账簿的余额和发生额，并核对各会计账簿之间的余额；

（三）检查相关的会计核算是否按照国家统一的会计制度的规定进行；

（四）对于国家统一的会计制度没有规定统一核算方法的交易、事项，检查其是否按照会计核算的一般原则进行确认和计量以及相关账务处理是否合理；

（五）检查是否存在因会计差错、会计政策变更等原因需要调整前期或者本期相关项目。

在前款规定工作中发现问题的，应当按照国家统一的会计制度的规定进行处理。

第二十二条　企业编制年度和半年度财务会计报告时，对经查实后的资产、负债有变动的，应当按照资产、负债的确认和计量标准进行确认和计量，并按照国家统一的会计制度的规定进行相应的会计处理。

第二十三条　企业应当按照国家统一的会计制度规定的会计报表格式和内容，根据登记完整、核对无误的会计账簿记录和其他有关资料编制会计报表，做到内容完整、数字真实、计算准确，不得漏报或者任意取舍。

第二十四条　会计报表之间、会计报表各项目之间，凡有对应关系的数字，应当相互一致；会计报表中本期与上期的有关数字应当相互衔接。

第二十五条　会计报表附注和财务情况说明书应当按照本条例和国家统一的会计制度的规定，对会计报表中需要说明的事项作出真实、完整、清楚的说明。

第二十六条　企业发生合并、分立情形的，应当按照国家统一的会计制度的规定编制相应的财务会计报告。

第二十七条　企业终止营业的，应当在终止营业时按照编制年度财务会计报告的要求全面清查资产、核实债务、进行结账，并编制财务会计报告；在清算期间，应当按照国家统一的会计制度的规定编制清算期间的财务会计报告。

第二十八条　按照国家统一的会计制度的规定，需要编制合并会计报表的企业集团，母公司除编制其个别会计报表外，还应当编制企业集团的合并会计报表。

企业集团合并会计报表，是指反映企业集团整体财务状况、经营成果和现金流量的会计报表。

第四章　财务会计报告的对外提供

第二十九条　对外提供的财务会计报告反映的会计信息应当真实、完整。

第三十条　企业应当依照法律、行政法规和国家统一的会计制度有关财务会计报告提供期限的规定，及时对外提供财务会计报告。

第三十一条　企业对外提供的财务会计报告应当依次编定页数，加具封面，装订成册，加盖公章。封面上应当注明：企业名称、企业统一代码、组织形式、地址、报表所属年度或者月份、报出日期，并由企业负责人和主管会计工作的负责人、会计机构负责人（会计主管人员）签名并盖章；设置总会计师的企业，还应当由总会计师签名并盖章。

第三十二条　企业应当依照企业章程的规定，向投资者提供财务会计报告。

国务院派出监事会的国有重点大型企业、国有重点金融机构和省、自治区、直辖市人民政府派出监事会的国有企业，应当依法定期向监事会提供财务会计报告。

第三十三条　有关部门或者机构依照法律、行政法规或者国务院的规定，要求企业提供部分或者全部财务会计报告及其有关数据的，应当向企业出示依据，并不得要求企业改变财务会计报告有关数据的会计口径。

第三十四条　非依照法律、行政法规或者国务院的规定，任何组织或者个人不得要求企业提供部分或者全部财务会计报告及其有关数据。

违反本条例规定，要求企业提供部分或者全部财务会计报告及其有关数据的，企业有权拒绝。

第三十五条　国有企业、国有控股或者占主导地位的企业，应当至少每年一次向本企业的职工代表大会公布财务会计报告，并重点说明下列事项：

（一）反映与职工利益密切相关的信息，包括：管理费用的构成情况，企业管理人员工资、福利和职工工资、福利费用的发放、使用和结余情况，公益金的提取及使用情况，利润分配的情况以及其他与职工利益相关的信息；

（二）内部审计发现的问题及纠正情况；

（三）注册会计师审计的情况；

（四）国家审计机关发现的问题及纠正情况；

（五）重大的投资、融资和资产处置决策及其原因的说明；

（六）需要说明的其他重要事项。

第三十六条　企业依照本条例规定向有关各方提供的财务会计报告，其编制基础、编制依据、编制原则和方法应当一致，不得提供编制基础、编制依据、编制原则和方法不同的财务会计报告。

第三十七条　财务会计报告须经注册会计师审计的，企业应当将注册会计师及其会计师事务所出具的审计报告随同财务会计报告一并对外提供。

第三十八条　接受企业财务会计报告的组织或者个人，在企业财务会计报告未正式对外披露前，应当对其内容保密。

第五章　法律责任

第三十九条　违反本条例规定，有下列行为之一的，由县级以上人民政府财政部门责令限期改正，对企业可以处 3 000 元以上 5 万元以下的罚款；对直接负责的主管人员和其他直接责任人员，可以处 2 000 元以上 2 万元以下的罚款；属于国家工作人员的，并依法给予行政处分或者纪律处分：

（一）随意改变会计要素的确认和计量标准的；

（二）随意改变财务会计报告的编制基础、编制依据、编制原则和方法的；

（三）提前或者延迟结账日结账的；

（四）在编制年度财务会计报告前，未按照本条例规定全面清查资产、核实债务的；

（五）拒绝财政部门和其他有关部门对财务会计报告依法进行的监督检查，或者不如实提供有关情况的。

会计人员有前款所列行为之一，情节严重的，由县级以上人民政府财政部门吊销会计从业资格证书。

第四十条　企业编制、对外提供虚假的或者隐瞒重要事实的财务会计报告，构成犯罪的，依法追究刑事责任。

有前款行为，尚不构成犯罪的，由县级以上人民政府财政部门予以通报，对企业可以处 5 000 元以上 10 万元以下的罚款；对直接负责的主管人员和其他直接责任人员，可以处 3 000 元以上 5 万元以下的罚款；属于国家工作人员的，并依法给予撤职直至开除的行政处分或者纪律处分；对其中的会计人员，情节严重的，并由县级以上人民政府财政部门吊销会计从业资格证书。

第四十一条　授意、指使、强令会计机构、会计人员及其他人员编制、对外提供虚假的或者隐瞒重要事实的财务会计报告，或者隐匿、故意销毁依法应当保存的财务会计报告，构成犯罪的，依法追究刑事责任；尚不构成犯罪的，可以处 5 000 元以上 5 万元以下的罚款；属于国家工作人员的，并依法给予降级、撤职、开除的行政处分或者纪律处分。

第四十二条　违反本条例的规定，要求企业向其提供部分或者全部财务会计报告及其有关数据的，由县级以上人民政府责令改正。

第四十三条　违反本条例规定，同时违反其他法律、行政法规规定的，由有关部门在各自的职权范围内依法给予处罚。

第六章　附则

第四十四条　国务院财政部门可以根据本条例的规定，制定财务会计报告的具体编报办法。

第四十五条　不对外筹集资金、经营规模较小的企业编制和对外提供财务会计报告的办法，由国务院财政部门根据本条例的原则另行规定。

第四十六条　本条例自 2001 年 1 月 1 日起施行。